Michael Bakunin

Die revolutionäre Frage

Föderalismus, Sozialismus, Antitheologismus

KLASSIKER der Sozialrevolte 6

In allen Zeiten wurden Texte geschrieben, die wir heute als *Klassiker der Sozialrevolte* bezeichnen wollen. Darunter zählen wir historische Texte aus sozialen Bewegungen bzw. aus dem Kontext sozialer Revolutionen – von den Frühsozialisten der Französischen Revolution bis zur APO der 1960er Jahre.

Der UNRAST Verlag wird in dieser Reihe eine umfangreiche Sammlung von Texten herausgeben, um damit ein Stück der eigenen Sozialgeschichte zu bewahren.

Die französische Originalfassung der beiden in diesem Buch veröffentlichten Bakunintexte erschien in Annales du Congrès de Genève (9-12 septembre 1867). Publié sous les auspices du Comité central permanent de la Ligue internationale de la Paix et de la Liberté et par les soins du Comité de Genève. Genf 1868, S. 187-191, und in Michel Bakounine: Œuvres. Band 1. Paris 1895, S. 1-205.

Michael Bakunin

Die revolutionäre Frage

Föderalismus, Sozialismus, Antitheologismus

Aus dem Französischen von Michael Halfbrodt

Herausgegeben von Wolfgang Eckhardt

UNRAST

Klassiker der Sozialrevolte 6

Bakunin: Die revolutionäre Frage
Föderalismus, Sozialismus, Antitheologismus
hrsg. von Wolfgang Eckhardt
4. Auflage, Juli 2025
ISBN 978-3-89771-903-3

Band 6 der Reihe »Klassiker der Sozialrevolte«
hrsg. von Jörn Essig-Gutschmidt

Fuggerstr. 13 a | 48165 Münster
www.unrast-verlag.de – kontakt@unrast-verlag.de

Mitglied in der *assoziation Linker Verlage* (aLiVe)

Umschlag: Jörn Essig-Gutschmidt, Münster
Satz: Bakunin Arbeitsgemeinschaft Berlin
Druck: Interpress, Budapest

Inhalt

Einleitung

I.

Drohende Kriegsgefahr erschütterte Anfang 1867 erneut die Öffentlichkeit in vielen Ländern Europas: Mit dem Plan, durch den Kauf Luxemburgs sein Reich zu vergrößern, hatte Napoleon III. einen Krieg europäischen Ausmaßes heraufbeschworen. Friedenskundgebungen wandten sich daraufhin in mehreren Ländern gegen die Kriegsdrohung und das verstärkte Wettrüsten der europäischen Großmächte. In Frankreich entstand dabei die Initiative zur Abhaltung eines internationalen Friedenskongresses, zu dem »alle Freunde der Demokratie«[1] eingeladen wurden. Ziel des Kongresses war es, den Kriegsvorbereitungen der Regierungen eine Manifestation für Frieden und Fortschritt entgegenzusetzen und eine Vereinigung zur Propagierung dieser Prinzipien zu gründen.

Auch in den Reihen der Arbeiterbewegung fand die Initiative zu diesem Kongreß, der im September 1867 in Genf zusammentreten sollte, lebhaften Widerhall: Zahlreiche Arbeitervereine und Sektionen der im Jahre 1864 gegründeten Internationalen Arbeiterassoziation (Ersten Internationale) aus Frankreich, Deutschland, Italien, Belgien, England und der Schweiz erklärten ihre Unterstützung. Zur Begründung hieß es zum Beispiel in der Zeitschrift der deutschen Arbeiterbildungsvereine in der Schweiz in einem Beitrag unter dem Titel ›Der internationale Friedenskongreß vom Standpunkte des Arbeiters betrachtet‹:

> »Jedem verständigen Menschen leuchtet sofort von selbst ein, daß die Frage um den *Frieden* der Völker im Wesentlichen mit der Frage um die *Befreiung* der Völker zusammenfällt. [...] Der Arbeiter trage also Sorge, daß im entscheidenden Augenblick der verabscheuungswürdigste Sklaven-

1 Aus der Einladung zum Friedenskongreß vom 11. Juni 1867. In: *Deutsches Wochenblatt*, Mannheim, 3. Jg., Nr. 26, 23. Juni 1867.

dienst im sogenannten ›königlichen Rock‹ in Masse verweigert werde und fordere vom internationalen Friedenskongreß nicht allein diese Pflicht und dieses Recht öffentlich anzuerkennen, sondern diese sittlich allein berechtigte Anschauung in der öffentlichen Meinung zu vertreten.« Wenn es gelinge, dies in offener Sprache zu benennen, »dann – meinen wir – ist es Pflicht jeden tüchtigen Arbeiters sich der beabsichtigten Friedensgesellschaft anzuschließen.«[2]

Vorbereitungskomitees in Paris und Genf, denen auch Mitglieder der Internationale angehörten, erarbeiteten das Programm des Kongresses und änderten sogar den ursprünglich vorgesehenen Eröffnungstermin: Mit Rücksicht auf den Kongreß der Internationale, der vom 2. bis 8. September 1867 in Lausanne stattfinden sollte, wurde die Eröffnung des Friedenskongresses auf den 9. September verschoben – »damit die Delegierten des Arbeiterkongresses [...] an beiden Kongressen teilnehmen« und auf diese Weise mit »einem zweifachen Mandat« ausgestattet werden können,[3] wie zuvor ein Mitglied der Internationale vorgeschlagen hatte.

Auf dem Lausanner Kongreß der Internationale bildete dann auch der bevorstehende Friedenskongreß einen der Tagesordnungspunkte. Hierzu wurde folgende Resolution verabschiedet:

> Der Kongreß erklärt »seinen vollkommenen und entschiedenen Beitritt« zu der zu gründenden Friedensliga und zu »deren Bestrebungen im Interesse und zur Erhaltung des Friedens, und verlangt nicht bloß das Aufhören des Krieges, sondern auch die Aufhebung der stehenden Heere und an deren Stelle einen allgemeinen und freien Bund der Völker, auf den Grundlagen der Gegenseitigkeit und Gerechtigkeit«.[4]

---

2 *Felleisen*, Genf, 6. Jg., Nr. 8, August 1867.

3 *La Voix de l'Avenir*, La Chaux-de-Fonds, 2. Jg., Nr. 27, 7. Juli 1867.

4 Folgender Zusatz wurde dieser Erklärung angehängt: »In Erwägung, daß der Krieg die Hauptursache der Verarmung und des

Nach Schluß des Kongresses der Internationale begaben sich mehr als ein Drittel der Delegierten in offiziellem Auftrag nach Genf, um am Friedenskongreß teilzunehmen.

II.

Michail Alexandrovič Bakunin (1814-1876) hörte in Neapel erstmals von den Vorbereitungen zur Abhaltung eines internationalen Friedenskongresses. Er war damals 53 Jahre alt und sechs Jahre zuvor aus der sibirischen Verbannung nach Westeuropa geflüchtet. Im Anschluß an mehrere Reisen, die ihn nach Großbritannien, Schweden und Frankreich geführt hatten, ließ sich Bakunin 1864 in Italien nieder, wo er jene Ideen entwickelte, für die er in die anarchistische Ideengeschichte eingegangen ist: In Überwindung seiner seit 1846 vor allem auf die slawische Revolutionsbewegung gerichteten Tätigkeit entwickelte er die Vision einer internationalen Revolution, die weltweit mit allen staatlichen Institutionen und sozialen Zwangsverhältnissen Schluß machen soll. Dieser historische Umbruch dürfe aber keinesfalls das Werk einer selbsternannten Elite oder Avantgarde sein. Die Revolution müsse sich vielmehr durch einen möglichst lebendigen Aufbruch von unten, aus dem Volk heraus vollziehen und zu neuen freiheitlichen Formen der gesellschaftlichen Organisation führen: zur Verwaltung des öffentlichen Lebens durch Delegierten-Komitees, zur Bildung von unabhängigen Kommunen (Gemeinden und Kreisen), zu einer groß angelegten Föderierung aller Initiativen, mit einem Wort: zur Anarchie. Nur dadurch werde Freiheit geschaffen werden – und nicht etwa durch einen angeblich vorübergehenden revolutio-

---

Mangels des ökonomischen Gleichgewichts ist, daß es, um den Krieg zu unterdrücken, nicht genügt, die Armeen zu entlassen, sondern die soziale Organisation im Sinne einer billigen Vertheilung der Produktion vorzunehmen. Der Arbeiterkongreß bedingt seine Adhaision [Beteiligung] von der Annahme obiger Erklärung durch den Friedenskongreß.« (*Der Vorbote*, Genf, 2. Jg., Nr. 9, September 1867)

nären Staat. Ebensowenig werde ein reformierter bürgerlicher Staat die ganze Freiheit verwirklichen, da er durch »die sogenannten praktischen Tagesnotwendigkeiten« der Realpolitik die Einlösung der sozialrevolutionären Forderungen nur hinauszögere. Mit diesen Ideen legte Bakunin ab 1864 in Italien den Grundstein für seine anarchistische Weltanschauung: In einem am 8. September 1867 – einen Tag vor Eröffnung des Friedenskongresses – erschienenen Artikel bezeichnete sich Bakunin in der Zeitschrift *Libertà e Giustizia* erstmals als »Anarchist«.[5]

Bakunin gehörte zusammen mit Giuseppe Garibaldi, Edgar Quinet und Ludwig Büchner zu den bekanntesten Mitgliedern des Friedenskongresses, wurde in dessen Leitungskomitee (*Comité-directeur*) gewählt und amtierte als einer der Vizepräsidenten der Versammlung.

> »Sehr genau erinnere ich mich an seinen außerordentlich beeindruckenden Auftritt auf der ersten Sitzung des Kongresses«, schrieb später ein Teilnehmer des Kongresses. »Als er mit schweren, ungeschickten Schritten die Treppe zum Podium, auf dem das Büro saß, erklomm – wie immer schlampig gekleidet, in einer Art grauem Kittel, unter dem man kein Hemd, sondern ein Komisol aus Flanell sah – , ertönte der Schrei: ›Bakunin!‹ Garibaldi erhob sich von seinem Präsidentenstuhl, machte einige Schritte auf ihn zu und warf sich ihm in die Arme. Diese feierliche Begegnung zweier alter, erfahrener Kämpfer für die Revolution hinterließ einen außergewöhnlichen Eindruck. Obwohl es in dem riesigen Saal nicht wenige Gegner gab, sprangen alle auf, und der begeisterte Applaus nahm kein Ende.«[6]

Für seine am 10. September 1867 gehaltene Rede vor dem Kongreß hatte Bakunin aus Italien ein viel zu langes Manuskript mitgebracht, in dem er nach seinen eigenen Worten

---

5 *Libertà e Giustizia*, Neapel, 1. Jg., Nr. 4, 8. September 1867.

6 Unterhaltungen mit Bakunin. Herausgegeben von Arthur Lehning. Nördlingen 1987, S. 244-245. Die Situation wurde in einem Gemälde von Claude Tabet dargestellt (siehe S. 16).

»versucht hatte, einerseits die Situation Rußlands gegenüber Europa, andererseits die *absolute Unvereinbarkeit* zwischen dem *zentralisierten, bürokratischen Militärstaat* und der Freiheit darzustellen. Ich wollte diesen Gedankengang durch Ausführungen über das Prinzip des Föderalismus und der Autonomie von Regionen und Gemeinden abschließen, des einzigen Prinzips, das meiner Meinung nach mit dem Prinzip des Sozialismus vereinbar ist und den Frieden in Europa auf der Grundlage einer wirklichen Emanzipation der Völker schaffen kann.«[7]

Da dieses (heute verschollene) Manuskript für die auf fünfzehn Minuten begrenzte Redezeit zu lang war, improvisierte Bakunin seine Rede, deren Text dann für die Publikation in den Annalen des Kongresses rekonstruiert und von Bakunin autorisiert wurde.[8] Die Rede Bakunins, der als legendäre Gestalt zwar weithin berühmt war, dessen Entwicklung zum anarchistischen Sozialisten in Italien aber weitgehend unbemerkt vor sich gegangen war, rief großen Eindruck hervor. Ein Mitglied der linken Kongreßfraktion, die sich vor allem um die Delegierten des Lausanner Kongresses der Internationale gruppierte, schrieb wenige Monate später, daß angesichts Bakunins radikaler Schärfe ein Teil des Publikums seinen anfänglichen Applaus bald zu bereuen begann, während die Linke Bravos auf Bakunin ausbrachte.[9] So konnte Bakunin in Genf erste Kontakte zur europäischen Arbeiterbewegung knüpfen, die seine intensive Tätigkeit in der Internationale ab dem Folgejahr unmittelbar vorbereiteten.

---

7 Bakunin an Jules Barni, 3. Januar 1868. In: Annales du Congrès de Genève (9-12 septembre 1867). Publié sous les auspices du Comité central permanent de la Ligue internationale de la Paix et de la Liberté et par les soins du Comité de Genève. Genf 1868, S. 187.

8 Eine Übersetzung dieses Textes ist auf den Seiten 17-21 wiedergegeben.

9 [James Guillaume:] Souvenirs des congrès de Lausanne et de Genève. [Teil] 13. In: *Le Diogène*, La Chaux-de-Fonds, 5. Jg., Nr. 258, 20. Dezember 1867.

III.

In der turbulenten Schlußsitzung des Genfer Kongresses wurde beschlossen, eine ›Internationale Liga für Frieden und Freiheit‹ zu gründen, in deren ›permanentes Zentralkomitee‹ (*Comité central permanent*) unter anderem auch Bakunin berufen wurde. Auf dem Abschiedsbankett des Kongresses am Abend des 12. September 1867 brachte Bakunin einen Toast aus »auf den Föderalismus, Sozialismus und Antitheologismus!«[10]

Mit Bakunins Wirken auf dem Genfer Kongreß und im Zentralkomitee der Liga war für viele bürgerliche Beobachter des Kongresses die Grenze des Hinnehmbaren jedoch längst überschritten: Die Zeitung *Démocratie Suisse* erklärte es für nicht wünschenswert, daß unter dem Vorwand einer Diskussion über den Frieden die Fanatiker (*énergumènes*) aller Länder zusammenkommen, um fremde Regierungen zu beleidigen, während ein Professor in einer Zuschrift an das *Journal de Genève* die Versammlung kurzerhand als Revolutionskongreß bezeichnete.[11]

Entsprechend harte Kämpfe entwickelten sich in dem aus Vertretern sehr unterschiedlicher Richtungen zusammengesetzten Zentralkomitee der Liga. In einem anonym veröffentlichten Artikel erklärte Bakunin später:

> »Dieses ganze Jahr [bis zum nächsten Kongreß der Liga] fand in dem Komitee ein Kampf zwischen dem bourgeoisen Liberalismus und Radikalismus der Mehrheit sowie den sozial-revolutionären Ideen der Minderheit statt, zu welcher auch Bakunin, der in das Komitee gewählt worden war, neben anderen gehörte.«[12]

Als Programmvorschlag der »sozial-revolutionären« Minderheit für die Liga legte Bakunin auf der Sitzung des Zentralkomitees vom 20. und 21. Oktober 1867 im Namen verschiedener

---

10 Annales du Congrès de Genève, a.a.O., S. 316.

11 *Allgemeine Zeitung*, Augsburg, Nr. 260, 17. September 1867.

12 Archives Bakounine. Herausgegeben von Arthur Lehning. Band 5. Leiden 1974, S. 169.

Mitglieder des Komitees den Anfang einer umfangreichen Schrift vor, die eine Zusammenfassung seiner Ideen enthalten sollte. In einer Mitteilung über die Beschlüsse des Komitees hieß es dazu: »*Russische Denkschrift.* Das Bureau zeigt hiermit an, daß, gemäß einem vom Centralkomite gefaßten Beschlusse, die von Herrn Bakunin im Namen der russischen Abordnung sowie mehrerer anderer Gesinnungsgenossen vorgelegte Denkschrift als besondere Broschüre (nur in französischem Text) gedruckt« werde und allen Abonnenten des Organs der Liga umsonst zugesandt werden soll.[13]

Tatsächlich wurden fünf Druckbögen – 80 Seiten – dieser Broschüre von der Genfer Druckerei ›Rieder et Simmen‹ gedruckt, deren Titel auf den korrigierten Druckfahnen lautete:

> Fédéralisme, Socialisme et Antithéologisme. – Proposition motivée au Comité Central de la Ligue da la Paix et de la Liberté par M. Bakounine, Genève.
> (Föderalismus, Sozialismus, Antitheologismus. – Programmvorschlag an das Zentralkomitee der Friedens- und Freiheitsliga von M. Bakunin, Genf)

Und in einem Manuskript über die slawische Frage gab Bakunin den Titel dieses Werks an als:

> La Question révolutionnaire. Fédéralisme, Socialisme et Antithéologisme
> (Die revolutionäre Frage. Föderalismus, Sozialismus, Antitheologismus)

was wohl die definitive Fassung des Titels ist.[14] Bakunin arbeitete noch in den ersten Monaten des Jahres 1868 an diesem Werk – aus Geldmangel und aufgrund anderer Arbeiten, denen sich Bakunin zuwandte, wurde der Druck jedoch nach den ersten 80 Seiten eingestellt. Der Druck dieses Werkes, schrieb Bakunin im Jahr darauf, nachdem er sich längst von der Liga

---

13 *Die Vereinigten Staaten von Europa*, Bern, Probenummer, November 1867.

14 Max Nettlau: The Life of Michael Bakounine. Michael Bakunin. Eine Biographie. London 1896-1900, S. 241.

getrennt hatte und der Internationale beigetreten war, »blieb, wie viele meiner Werke, unvollendet. Andere Sorgen und Angelegenheiten lenkten mich davon ab«.[15] Bakunin scheint jedoch einen Teil der Auflage der Druckbögen erhalten und unter seinen Bekannten verteilt zu haben.[16]

IV.

Der Bakuninforscher Max Nettlau, dem die Druckbögen sowie Korrekturbögen, Teile von Bakunins Manuskript und einer Abschrift zur Verfügung standen, veröffentlichte diese Schrift erstmals im Jahre 1895.[17] In vorliegender Ausgabe (S. 23-164) liegt deren Text nun erstmals vollständig in deutscher Übersetzung vor.

Die Bedeutung der Schrift erschließt sich hauptsächlich daraus, daß sie Bakunins *ersten* überlieferten Versuch darstellt, in einer umfangreichen Arbeit seinen Ideen eine abschließende Form zu geben; sie stellt vielfach die Grundlage für nachfolgende Ausarbeitungen dar,[18] so daß Bakunins radikales Philosophieren hier quasi an der Quelle zu beobachten ist.

---

15 Bakunin an Adolf Reichel, 3. Juli 1869. In: *Revue des études slaves*, Paris, Band 56, Heft 4, 1984, S. 543.

16 Vgl. The Hague Congress of the First International. September 2-7, 1872. [Band 1:] Minutes and Documents. Moskau 1976, S. 385. Die von Kropotkin mitbegründete Zeitschrift ›Le Révolté‹ enthielt 1879 einen Aufruf an all jene, die noch Druckbögen der Schrift aufbewahrt hatten, und bat um deren Einsendung (*Le Révolté. Organe socialiste*, Genf, 1. Jg., Nr. 22, 13. Dezember 1879). Diverse (teilweise handschriftlich korrigierte) Druckbögen sind im Internationaal Instituut voor Sociale Geschiedenis (Amsterdam), Bakunin Papers, no. 194, erhalten.

17 Michel Bakounine: Œuvres. Band 1. Paris 1895, S. 1-205. Die Nettlaus Edition zugrundeliegenden Manuskripte wurden im Jahre 2000 erstveröffentlicht: Fédéralisme, socialisme et antithéologisme, 1867-1868 [Haupttext und drei Varianten]. In: Bakounine: Oeuvres complètes sur CD-ROM. Amsterdam 2000.

18 So hat Bakunin Teile der Schrift (zum Beispiel S. 63-66 der vorliegenden Ausgabe) bei der Abfassung von ›Gott und der Staat‹ wieder-

Ein weiterer Vorzug der Schrift besteht darin, daß sich Bakunin in dem gemäßigten Milieu der *Liga* zu äußern hatte, an die die Schrift gerichtet ist. Seine Grundüberzeugungen trug er in diesem Fall nicht seinen ohnehin revolutionär gestimmten Bekannten vor – vielmehr hatte er sich vor Liberalen und Demokraten auszusprechen, denen er erst alle seine argumentativen Ausgangspunkte offenlegen mußte, bevor er ihnen zum Beispiel das Scheitern der Monarchien, Diktaturen und selbst der demokratischen Republiken im Hinblick auf die volle Emanzipation des Menschen aus seiner Sicht verständlich machen konnte. Dieses Eingehen auf die politische Vorstellungswelt seiner Adressaten mag stellenweise auf den ersten Blick irritierend wirken – so wenn sich der bekannte Staatsgegner Bakunin auf den Aufruf der *Liga* zur Gründung von *Vereinigten Staaten von Europa* bezieht. Zur Existenzgrundlage dieser *Vereinigten Staaten* stellt er jedoch anschließend Forderungen auf, die schwerlich mit der Form Staat vereinbar sind, indem er zum Beispiel die freie Föderation der Individuen verlangt (S. 32) und schließlich sogar fordert, »daß der Staat sich selbst in der nach Maßgabe der Gerechtigkeit frei organisierten Gesellschaft auflösen muß« (S. 60). Bakunins Eintreten für emanzipatorische Gemeinschaftsformen geht dabei mit einer eingehenden Kritik autoritärer Gesellschaftskonzepte einher, ob sie vom Prinzip des Zentralismus ausgehen, sich in Rousseaus Lehre vom ›Gesellschaftsvertrag‹ gründen oder selbst religiös motiviert sind; gerade in diesen Kritiken legt Bakunin eine scharfe Axt an die Wurzeln von oft noch heute wirksamen Legitimationsversuchen der Herrschaft von Menschen über Menschen.

Berlin, im Juni 2000
(aktualisiert im Juni 2018)

Wolfgang Eckhardt

---

verwendet (vgl. Michael Bakunin: Ausgewählte Schriften. Herausgegeben von Wolfgang Eckhardt. Band 1. 6. akt. Auflage, Berlin 2011, S. 49-51).

Bakunin (Mitte) und Garibaldi auf dem Gründungskongreß der Friedens- und Freiheitsliga in Genf 1867 (Gemälde von Claude Tabet)

Bakunins Rede auf dem Gründungskongreß der Friedens- und Freiheitsliga in Genf

(10. September 1867)

Bürger, ich frage mich, mit welchem Recht ich, als Russe, auf dieser internationalen Versammlung, zu der wir heute zusammengekommen sind, um eine Allianz der Völker zu stiften, hier vor Ihnen stehe und das Wort ergreife? Es sind kaum vier Jahre vergangen, seit das Russische Kaiserreich, dessen, zugegeben, höchst ungehorsamer Untertan ich bin, sich zum wiederholten Male des Mordversuchs an dem heldenmütigen, aber vom Glück verlassenen Volk der Polen schuldig gemacht hat.[1] Das Russische Kaiserreich wird es auch weiterhin unterdrükken und peinigen, aber, zum großen Glück für die Welt, für Europa, für die slawische Rasse im allgemeinen und die russischen Völker im besonderen, nicht vernichten können.

Deshalb habe ich, als Russe, ohne mich darum zu scheren, was diejenigen meinen oder sagen könnten, die mich vom Standpunkt eines engstirnigen und selbstgefälligen Patriotismus aus beurteilen, offen und mit allem Nachdruck gegen die bloße Existenz dieses russischen Kaiserreichs protestiert, und ich bleibe dabei. Diesem Reich wünsche ich alle Demütigungen, alle Niederlagen, da ich überzeugt bin, daß seine Erfolge, seine Triumphe stets im umgekehrten Verhältnis zum Wohlstand und zur Freiheit der russischen und nichtrussischen Völker, die heute seine Opfer und Sklaven sind, gestanden haben und immer stehen werden. Murav'ev, der Henker und Schinder nicht nur der polnischen Patrioten, sondern auch der russischen Demokraten,[2] offenbarte sich der Menschheit als Ungeheuer und zugleich als der zuverlässigste, der vollendetste Repräsentant der Moral, der Bestrebungen, der Interessen des Russischen Kaiserreichs und seines überkommenen Prinzips, als der Patriot in Person, der Saint-Just, der Robespierre[3] des kaiserlichen Staates, der sich auf die systematische Negation allen Menschenrechts und aller Freiheit gründet.

Aus der Lage, in die der jüngste polnische Aufstand das Russische Reich gebracht hat, bleiben ihm nur zwei Auswege: Entweder es tritt in die blutigen Fußstapfen Murav'evs oder es löst sich auf. Eine dritte Möglichkeit gibt es nicht, und es wäre ein Ausdruck von Kleinmut und Unaufrichtigkeit, würde man für ein Ziel eintreten, ohne die notwendigen Mittel gutzuheißen. Folglich stehen meine russischen Landsleute vor der Wahl: entweder mit den Mitteln und Methoden Murav'evs einen Machtzuwachs des Kaiserreichs anzustreben, oder, zusammen mit uns, rundheraus für dessen Auflösung einzutreten. Wer es groß und mächtig sehen will, muß Murav'ev bewundern und ihm nacheifern und, wie er, jegliche Freiheit verleugnen und mit Füßen treten. Wer hingegen die Freiheit liebt und ersehnt, muß begreifen, daß sie nur durch die freie Föderation der Regionen und Völker, das heißt – als allererste Bedingung – durch die Zerstörung des Reichs zu verwirklichen ist. Und ich meine damit, daß das Recht auf Föderation selbstverständlich auch das Recht auf Sezession beinhaltet, in Rußland wie überall. Sonst wäre die Freiheit der Völker, der Regionen und Gemeinden der reine Hohn. Das Recht auf Föderation und Sezession ist die absolute Verneinung des historischen Rechts,[4] das wir ablehnen müssen, wenn uns ernstlich an der Emanzipation der Völker gelegen ist.

Ich will die gerade aufgestellten Prinzipien logisch zu Ende denken. In Erwägung, daß die russische Armee die wesentliche, um nicht zu sagen einzige Grundlage der kaiserlichen Macht ist, spreche ich offen den Wunsch aus, sie möge geschlagen werden, welchen Krieg das Kaiserreich auch führt. Das liegt in Rußlands eigenem Interesse, und aus unserem Wunsch spricht, im wahrsten Sinne des Wortes, reiner Patriotismus. Denn bisher hat immer nur die Niederlage des Zaren das kaiserliche Joch leichter und erträglicher gemacht. Zwischen dem Kaiserreich und uns, Patrioten, Revolutionären, Liberalen und Gerechten, gibt es keinerlei Gemeinsamkeit.

Doch lassen wir unsere Privatangelegenheiten beiseite, und beschäftigen uns lieber allgemein mit den Prinzipien, deren Erörterung Gegenstand dieser Versammlung ist, und mit denen unsere beiden großen Anliegen: Vaterland und Freiheit in Einklang gebracht werden sollen.

Was ich in bezug auf Rußland behauptet habe, trifft zwangsläufig auch auf Europa zu. Ist das Wesen der religiös-bürokratisch-militärischen Zentralisation nicht überall gleich? Ob mit zynischer Offenheit wie in Rußland oder unter dem Deckmantel einer mehr oder weniger verlogenen Verfassungsmäßigkeit, wie in den zivilisierten Ländern des Westens, stets ist die Gewalt das Prinzip der Zentralisation: Gewalt im Inneren zur angeblichen Wahrung der öffentlichen Ordnung, Gewalt nach außen unter dem Vorwand, das Gleichgewicht aufrechtzuerhalten, oder, wenn sonst keiner zur Hand ist, unter dem Vorwand der Jerusalemer Schlüsselfrage.[5] Im heutigen Europa ist die Reaktion fast überall siegreich. Überall bedroht sie die letzten Reste jener kümmerlichen Freiheit, die die Kunst der Selbstverteidigung verlernt zu haben scheint. Woran denken die Regierungen zur Stunde? Daran, gegeneinander aufzurüsten. Wo man auch hinblickt auf diesem Planeten, überall sieht man nur prall gefüllte Waffenarsenale. Werden wir in die finsteren Zeiten der Wallensteins und Tillys[6] zurückversetzt? Wehe, wehe den Nationen, deren Herren, deren Heerführer siegreich aus der Schlacht heimkehren! Der Lorbeer wird sich in Ketten verwandeln und der Ruhm in Unterdrückung der Nationen, die sich selbst als Sieger wähnten.

Wir alle hier sind Freunde des Friedens. Um über den Frieden zu diskutieren, hat sich dieser Kongreß zusammengefunden. Aber wie viele von uns sind so naiv zu glauben, wir hätten die Macht, diesen schrecklichen Weltkrieg abzuwenden, der mehr denn je bevorzustehen scheint? Nein, das glaubt niemand von uns. Wir sind auch nicht hierher gekommen, um uns etwas vorzunehmen, was außerhalb unserer Möglichkeiten liegt, sondern um gemeinsam nach den Bedingungen eines internationalen Friedens zu suchen. Welche Prinzipien sollen unserem Werk als Grundlage dienen?

Diese Prinzipien, die wahren Prinzipien von Gerechtigkeit und Freiheit darzulegen, ist um so dringlicher, als es derzeit gerade der Mangel an Prinzipien ist, der sich so verheerend auf Moral und Gesinnung der Menschen auswirkt und allen Kräften der Reaktion, allen Despotismen so wertvolle Dienste leistet. Wenn uns ernsthaft am Frieden zwischen den Nationen liegt, müssen wir internationale Gerechtigkeit fordern. Folglich muß sich jeder von uns über den engstirnigen und kleingeistigen Patriotismus hinwegsetzen, der jedes Land zum Mittelpunkt der Welt erklärt und seine Größe an dem Schrecken mißt, den es über seine Nachbarländer bringt.

Wir müssen die allgemeine menschliche Gerechtigkeit über alle nationalen Interessen stellen. Wir müssen ein für alle Mal von dem falschen Prinzip der Nationalität Abschied nehmen, das in den letzten Jahren von den Despoten Frankreichs, Rußlands und Preußens allein zu dem Zweck erfunden wurde, um das höchste Prinzip der Freiheit zu unterdrücken. Die Nationalität ist kein Prinzip, sondern, wie die Individualität, eine nicht zu leugnende Tatsache. Jede Nationalität, ob groß oder klein, hat das unbestreitbare Recht, als solche anerkannt zu werden und nach ihren eigenen Vorstellungen zu leben. Dieses Recht ist nur eine Folgerung aus dem allgemeinen Prinzip der Freiheit.

Jeder, der wahrhaftig Frieden und Gerechtigkeit auf internationaler Ebene will, muß ein für alle Mal auf alles, was sich Ruhm, Macht und Größe seines Landes nennt, verzichten, auf alle Eitelkeiten und selbstsüchtigen Interessen des Patriotismus. Es wird Zeit, das absolute Reich der Freiheit, im Inneren wie nach außen, herbeizuwünschen. Laut dem Programm unserer Komitees werden wir darum ersucht, die Grundlagen für den Aufbau der Vereinigten Staaten von Europa zu diskutieren.[7] Doch ist dieser Aufbau mit den heute bestehenden Staaten möglich? Können Sie sich eine Föderation vorstellen, wo Frankreich neben dem Großherzogtum Baden und Rußland neben dem Fürstentum Moldau-Walachei stünde, oder ganz allgemein gesprochen, eine Föderation von bürokratisch-militärischen Zentralstaaten, wie denen, die heute die Landkarte Europas bedecken, mit Ausnahme der Schweiz?

Jeder Zentralstaat, so liberal er sich auch gebärdet, und selbst, wenn er als Republik verfaßt wäre, ist notgedrungen der Unterdrücker und Ausbeuter der arbeitenden Volksmassen zugunsten einer Klasse von Privilegierten. Um diese Massen niederzuhalten, braucht er natürlich eine Armee, und die Existenz dieses stehenden Heeres verleitet ihn zum Krieg. Ich schließe daraus, daß es keinen internationalen Frieden geben wird, solange nicht das folgende Prinzip in vollem Umfang zur Anwendung gelangt: Jede Nation, ob stark oder schwach, groß oder klein, jede Region und jede Gemeinde hat das absolute Recht, frei und autonom zu sein, ihren besonderen Interessen und Bedürfnissen gemäß zu leben und sich zu verwalten. Und in diesem Recht stehen alle Gemeinden und alle Nationen derart füreinander ein, daß man die Freiheit keiner einzigen antasten kann, ohne nicht sogleich die Freiheit aller anderen ernsthaft zu gefährden.

Der Weltfrieden wird unmöglich sein, solange die heutigen Zentralstaaten existieren. Wir müssen folglich ihre Auflösung betreiben, damit auf den Ruinen dieser durch Gewalt und Eroberung von oben nach unten organisierten Zwangsgemeinschaften freie, von unten nach oben organisierte Einheiten entstehen – durch die freie Föderation der Gemeinden in der Region, der Regionen in der Nation und der Nationen in den Vereinigten Staaten von Europa.

Bakunin in Genf 1867 (Photographie von Boissonnas)

DIE REVOLUTIONÄRE FRAGE
Föderalismus, Sozialismus, Antitheologismus

Meine Herren,
unsere heutige Aufgabe besteht in der endgültigen Organisierung und Festigung der Friedens- und Freiheitsliga, wobei wir von den Prinzipien ausgehen, die das frühere Leitungskomitee formuliert und der erste Kongreß angenommen hat.[8] Diese Prinzipien stellen fortan unsere Verfassung dar, die obligatorische Grundlage all unserer weiteren Tätigkeit. Es ist uns nicht mehr gestattet, an ihnen die geringsten Abstriche vorzunehmen, aber wir haben das Recht, ja die Pflicht, sie weiterzuentwickeln.

Es erscheint uns um so dringlicher, heute dieser Pflicht nachzukommen, als diese Prinzipien, wie jeder hier weiß, in aller Eile abgefaßt wurden, in der beklemmenden Atmosphäre der Genfer Gastfreundschaft ...[9]

Wir haben diese Prinzipien sozusagen inmitten des Gewitters nur andeuten können, gezwungen wie wir waren, sie im Ausdruck zu mildern, um einen großen Skandal zu vermeiden, der die vollständige Zerstörung unseres Werkes hätte herbeiführen können.

Heute, da wir dank der ehrlicheren und großzügigeren Gastfreundschaft der Stadt Bern frei sind von jedem äußeren lokalen Druck, müssen wir diese Prinzipien in ihrer Gesamtheit wiederherstellen und die Zweideutigkeiten beseitigen, die unserer unwürdig sind, unwürdig des großen Werkes, das zu begründen unser Ziel ist. Die Unterschlagungen, die Halbwahrheiten, die verstümmelten Gedanken, die gefälligen Abschwächungen und Zugeständnisse einer feigen Diplomatie sind nicht die Mittel, mit denen man Großes vollbringt: Dazu braucht man ein Herz auf dem rechten Fleck, einen klaren und sicheren Verstand, ein festes Ziel und großen Mut. Wir haben uns Großes vorgenommen, meine Herren, zeigen wir, daß wir unserem Vorhaben gewachsen sind: Das Ergebnis wird groß oder lächerlich sein, eine dritte Möglichkeit gibt es nicht, und damit es groß ausfalle, dürfen wir ihm zumindest an Kühnheit und Aufrichtigkeit nicht nachstehen.

Was wir[10] Ihnen vorschlagen, ist keine akademische Prinzipiendiskussion. Wir wollen nicht vergessen, daß wir hauptsächlich deshalb hier zusammengekommen sind, um die politischen Mittel und Maßnahmen zu besprechen, die zur Durchführung unseres Werkes notwendig sind. Aber wir wissen auch, daß in der Politik keine redliche und sinnvolle Praxis möglich ist ohne eine Theorie und ein festes Ziel vor Augen. Andernfalls würden wir, mögen die Gefühle, von denen wir erfüllt sind, auch noch so weitherzig und großzügig sein, zu einem Resultat gelangen, das diesen Gefühlen geradewegs entgegengesetzt ist: Wir könnten von republikanischen, demokratischen sozialistischen Überzeugungen ausgehen – und als Bismarckianer oder Bonapartisten enden.

Heute haben wir drei Dinge zu tun:

1. die Bedingungen festzulegen und die Vorbereitungen zu treffen für einen neuen Kongreß;

2. unsere Liga so gut wie möglich in allen Ländern Europas aufzubauen, sie auf Amerika auszudehnen, was uns wesentlich erscheint, und in jedem Land Nationalkomitees sowie regionale Unterkomitees einzurichten, jedem einzelnen von ihnen die gebührende und notwendige Selbständigkeit zu belassen und sie alle der Liga einzugliedern, mit dem Zentralkomitee in Bern an der Spitze. Diese Komitees mit der unbeschränkten Vollmacht und den notwendigen Anweisungen für die Propaganda und zur Aufnahme neuer Mitglieder auszustatten.

3. im Hinblick auf diese Propaganda eine Zeitung zu gründen.

Ist es nicht offensichtlich, daß wir zur Erfüllung dieser drei Aufgaben zunächst die Prinzipien aufstellen müssen, die, ohne irgendeine Zweideutigkeit fortbestehen zu lassen, Wesen und Ziel der Liga festlegen und die als Anleitung und Richtschnur unserer gesamten Propaganda in Wort und Schrift, wie auch als Bedingung und Grundlage für die Aufnahme neuer Mitglieder dienen werden? Dieser letzte Punkt, meine Herren, erscheint uns äußerst wichtig. Denn die gesamte Zukunft unserer Liga wird von den politischen wie sozialen, den ökonomischen wie moralischen Einstellungen, Gedanken und Bestrebungen dieser Menge von Neuankömmlingen abhängen, denen wir unsere Reihen öffnen. Da wir einen im höchsten Maße demokratischen Verband bilden, streben wir nicht danach, unser Volk, d.h. die Masse unserer Mitglieder, von oben nach unten zu regieren; und sobald wir uns richtig organisiert haben, werden wir uns niemals anmaßen, ihnen gewaltsam unsere Ideen aufzuzwingen. Im Gegenteil, wir wollen, daß alle unsere regionalen Unterkomitees und Nationalkomitees, bis hin zum internationalen oder Zentralkomitee, die von unten nach oben mit den Stimmen der Mitglieder aller Länder gewählt sind, zum getreuen und zuverlässigen Ausdruck ihrer Gefühle, ihrer Ideen und ihres Willens werden. Aber gerade weil wir entschlossen sind, uns in allem, was mit dem Gemeinschaftswerk der Liga in Verbindung steht, den Wünschen der Mehrheit zu unterwerfen, müssen wir da nicht heute, da wir noch wenige sind und wenn wir nicht wollen, daß unsere Liga jemals von den Grundgedanken und der Richtung abweicht, die ihre Urheber ihr gegeben haben, Maßnahmen ergreifen, damit niemand ihr beitreten kann, dessen Bestrebungen zu diesem Gedanken und dieser Richtung in Widerspruch stehen? Müssen wir uns nicht dergestalt organisieren, daß die große Mehrheit unserer Mitglieder stets den Gefühlen treu bleibt, die uns heute erfüllen und Zulassungsregeln aufstellen, die gewährleisten, daß, selbst wenn die Zusammensetzung unserer Komitees sich ändern sollte, der Geist der Liga unverändert bleibt?

Wir können dieses Ziel nur erreichen, wenn wir unsere Prinzipien so eindeutig bestimmen und festlegen, daß keine der Personen, die auf die eine oder andere Weise nicht mit ihnen übereinstimmt, jemals bei uns Aufnahme finden kann.

Es steht außer Zweifel, daß, wenn wir es vermeiden würden, unsere wahre Gesinnung zu offenbaren, die Zahl unserer Mitglieder größer werden würde. Wir könnten in diesem Fall sogar, wie uns der Baseler Delegierte Schmidlin vorgeschlagen hat,[11] viele Säbelschlepper und Priester, und warum nicht Gendarmen, in unsere Reihen aufnehmen – oder wie es die in Paris unter Protektion Kaiser Napoleons von Michel Chevalier und Frédéric Passy gegründete Friedensliga kürzlich getan hat, einige erlauchte Fürstinnen aus Preußen, Rußland oder Österreich ersuchen, Ehrenmitglieder unserer Vereinigung zu werden. Doch, wie geht das Sprichwort, wer sich viel vornimmt, wird wenig erreichen: Wir würden all diese kostbaren Mitgliedschaften um den Preis unserer vollständigen Auslöschung erkaufen, und unter all den Zweideutigkeiten und Phrasen, die heute die öffentliche Meinung Europas vergiften, wären wir nur ein weiterer schlechter Scherz.

Andererseits ist offensichtlich, daß, wenn wir unsere Prinzipien geradeheraus kundtun, die Zahl unserer Mitglieder geringer sein wird; aber es wären wenigstens zuverlässige Mitglieder, auf die wir zählen können, und unsere ehrliche, kluge und ernstgemeinte Propaganda wird die Öffentlichkeit nicht vergiften, sondern sie moralisch aufrichten.

Welches sind also die Prinzipien unserer neuen Vereinigung? Sie heißt *Friedens- und Freiheitsliga*. Das ist schon viel; dadurch unterscheiden wir uns von all denen, die den Frieden um jeden Preis wollen und erstreben, selbst um den Preis von Freiheit und Menschenwürde. Wir unterscheiden uns ebenfalls von der englischen Friedensgesellschaft, die sich von aller Politik fernhält und glaubt, daß mit der bestehenden Staatenordnung Europas der Frieden möglich sei. Im Gegensatz zu dieser ultrapazifistischen Ausrichtung der Vereinigungen in Paris und England, verkündet unsere Liga, daß sie nicht an den Frieden allein glaubt, sondern ihn nur unter der unerläßlichen Voraussetzung der Freiheit für erstrebenswert hält.

Freiheit ist ein erhabenes Wort, das etwas Großartiges bezeichnet und niemals verfehlt, die Herzen aller Lebenden zu elektrisieren, das aber gleichwohl genau bestimmt zu werden verlangt, um jedes Mißverständnis auszuräumen, sonst würden wir erleben, daß sich Bürokraten, die der bürgerlichen Freiheit anhängen, konstitutionelle Monarchisten, liberale Aristokraten und Bourgeois, alle mehr oder minder Befürworter von Privilegien und natürliche Feinde der Demokratie, in unseren Reihen Platz nehmen und eine Mehrheit bilden unter dem Vorwand, auch sie würden ja die Freiheit lieben.

Um einem solch ärgerlichen Mißverständnis vorzubeugen, hat der Genfer Kongreß erklärt, er wolle »den Frieden *auf die Demokratie* und auf die Freiheit gründen«, woraus folgt, daß man, um Mitglied unserer Liga werden zu können, Demokrat sein muß. Folglich sind alle Aristokraten, alle Verfechter irgendeiner Art von Privileg, Monopol oder politischem Alleinvertretungsanspruch ausgeschlossen, da das Wort Demokratie nichts anderes meint, als die Regierung des Volkes durch das Volk und für das Volk, wobei letztere Bezeichnung für die Gesamtheit der Bürger steht – und wie man heute hinzufügen müßte, auch der Bürgerinnen – , die eine Nation bilden.

In diesem Sinne sind wir sicherlich alle Demokraten.

Doch zugleich müssen wir anerkennen, daß dieser Begriff: Demokratie nicht ausreicht, um den Charakter unserer Liga hinlänglich zu bestimmen, und daß er, wie der der Freiheit, für sich betrachtet, mißverständlich sein kann. Haben sich nicht seit Anfang dieses Jahrhunderts die Plantagenbesitzer in Amerika, die Sklavenhalter des Südens und alle ihre Unterstützer in den Vereinigten Staaten des Nordens als Demokraten bezeichnet? Der moderne Cäsarismus[12] mit seinen abscheulichen Konsequenzen, der wie eine schreckliche Drohung über allem schwebt, was in Europa Menschlichkeit heißt, behauptet er nicht ebenfalls, demokratisch zu sein? Und hat nicht sogar der Moskauer und Sankt-Petersburger Imperialismus, der Staat schlechthin, dieses Vorbild aller zentralisierten Militärmächte und Bürokratien, erst kürzlich Polen im Namen der Demokratie vernichtet?[13]

Es ist offensichtlich, daß wir die Demokratie ohne Freiheit nicht auf unsere Fahnen schreiben können. Aber was ist die Demokratie, die sich auf die Freiheit gründet, anderes als die Republik? Die Allianz von Freiheit mit Privilegien schafft das Regime der konstitutionellen Monarchie, aber ihre Allianz mit der Demokratie kann sich nur *in der Republik* vollziehen. Aus Gründen der Vorsicht, die wir nicht gutheißen, meinte der Genfer Kongreß, darauf verzichten zu müssen, in seinen Beschlüssen das Wort Republik auszusprechen. Aber indem er seinen Willen bekundete, »den Frieden auf die Demokratie und auf die Freiheit zu gründen«, hat er sich unausgesprochen für republikanisch erklärt. *Folglich muß unsere Liga demokratisch und republikanisch zugleich sein.*

Und wir denken, meine Herren, daß wir hier in diesem Sinne alle Republikaner sind, daß wir, in Folge einer unerbittlichen Logik, aus den zugleich so heilsamen und so schmerzhaften Lehren der Geschichte, aus allen Erfahrungen der Vergangenheit – und vor allem im Wissen um die Ereignisse, die Europa seit 1848 in Trauer gestürzt haben, wie auch um die Gefahren, die es gegenwärtig bedrohen – unsere Schlüsse gezogen haben und daß wir alle zu der gleichen Überzeugung gelangt sind: *daß die monarchischen Institutionen unvereinbar sind mit dem Reich des Friedens, der Gerechtigkeit und der Freiheit.*

Was uns betrifft, meine Herren, so fühlen wir uns, als russischen Sozialisten und als Slawen, verpflichtet, frei heraus zu erklären, daß für uns das Wort Republik keine andere als eine *rein negative* Bedeutung hat: nämlich die, der Sturz und die Beseitigung der Monarchie zu sein; und nicht allein, daß die Republik uns nicht zu begeistern vermag, ganz im Gegenteil, jedes Mal, wenn sie uns als realistische und ernstzunehmende Lösung aller Tagesfragen vorgeführt wird, als höchstes Ziel, dem all unser Streben zu gelten hätte – fühlen wir uns genötigt, Einspruch zu erheben.

Wir verabscheuen die Monarchie von ganzem Herzen; wir wünschen uns nichts sehnlicher, als sie von der Oberfläche Europas und der ganzen Welt getilgt zu sehen, und wir sind, mit Ihnen, überzeugt, daß ihre Abschaffung eine *unabdingbare* Voraussetzung für die Emanzipation der Menschheit ist. In dieser Hinsicht sind wir ganz und gar republikanisch. Aber wir glauben nicht, daß es ausreicht, die Monarchie zu stürzen, um die Völker zu emanzipieren und ihnen Gerechtigkeit und Frieden zu bringen. Wir sind im Gegenteil der festen Überzeugung, daß eine große, bürokratisch und politisch zentralisierte Militärrepublik eine nach außen auf Eroberungen ausgehende und nach innen auf Unterdrückung gegründete Macht werden kann und unvermeidlich werden wird, unfähig, ihren Untertanen, auch wenn sie sich Bürger nennen sollten, Wohlstand und Freiheit zu sichern. Haben wir nicht erlebt, wie die große französische Nation zwei Mal eine demokratische Republik gegründet und beide Male seine Freiheit verloren und sich zu Eroberungskriegen hat verleiten lassen?[14]

Werden wir, wie viele andere, diese bedauerlichen Rückfälle dem leichtfertigen Temperament oder der altgewohnten Disziplin des französischen Volkes zuschreiben, das, wie seine Verächter behaupten, wohl in der Lage sei, in einer plötzlichen, stürmischen Erregung die Freiheit zu erobern, nicht jedoch, sie zu genießen und praktisch auszuüben?

Es ist uns unmöglich, meine Herren, uns dieser Verurteilung eines ganzen Volkes, eines der klügsten in Europa, anzuschließen. Wir sind hingegen überzeugt, daß, wenn Frankreich zweimal nacheinander seine Freiheit verloren hat und miterleben mußte, wie seine demokratische Republik sich in eine Diktatur und eine Militärdemokratie verwandelt, der Fehler nicht im Charakter seines Volkes liegt, sondern in seiner *politischen Zentralisierung*. Diese wurde von seinen Königen und Staatsmännern von langer Hand vorbereitet, wurde später durch denjenigen verkörpert, den eine unterwürfige höfische Rhetorik den Großen König nannte,[15] wurde schließlich in den Abgrund gestoßen durch die beschämende Mißwirtschaft einer altersschwachen Monarchie und wäre zweifellos im Schmutz versunken, wenn ihr die Revolution mit ihren starken Armen nicht wieder aufgeholfen hätte. Ja, so sonderbar es klingt, diese Große Revolution – die zum ersten Mal in der Geschichte die Freiheit, nicht mehr nur des Bürgers, sondern des Menschen, verkündet hatte – erweckte, als sie das Erbe der von ihr beseitigten Monarchie antrat, zugleich die Negation jeder Freiheit: *die Zentralisation und Allmacht des Staates* zu neuem Leben.

Wiedererrichtet durch die Konstituante, von den Girondisten bekämpft, wenn auch mit wenig Erfolg, wurde diese Zentralisation vom Konvent vollendet.[16] Robespierre und Saint-Just[3] waren ihre eigentlichen Erneuerer: Der neuen Regierungsmaschine fehlte es an nichts, nicht einmal am Höchsten Wesen mit dem Kult des Staates. Sie wartete nur noch auf einen geschickten Mechaniker, um der staunenden Welt die ganze Zerstörungskraft zu offenbaren, mit der ihre unvorsichtigen Erbauer sie ausgestattet hatten ... und es fand sich Napoleon I.

So hat diese Revolution, die sich anfangs nur von der Liebe zur Freiheit und Menschlichkeit leiten ließ, allein deshalb, weil sie glaubte, diese mit der Zentralisation des Staates vereinbaren zu können, Selbstmord verübt, sie getötet und nichts anderes an ihrer Stelle hervorgebracht als die Militärdiktatur, den Cäsarismus.

Ist es nicht offensichtlich, meine Herren, daß wir, um die Freiheit und den Frieden in Europa zu retten, der abscheulichen, unterdrückerischen Zentralisation der bürokratischen, despotischen, konstitutionell monarchischen oder gar republikanischen Militärstaaten das große, heilsame *Prinzip des Föderalismus* entgegenstellen müssen, ein Prinzip, für das uns im übrigen die jüngsten Ereignisse in den Vereinigten Staaten von Nordamerika eine glänzende Veranschaulichung geliefert haben?

Fortan muß all jenen, die wirklich die Emanzipation Europas anstreben, klar sein, daß wir, unter Wahrung all unserer Sympathien für die großen sozialistischen Menschheitsgedanken der Französischen Revolution, ihre Staatspolitik verwerfen und entschlossen für die Freiheitspolitik der Nordamerikaner eintreten müssen.

I
FÖDERALISMUS

Wir sind in der glücklichen Lage, darauf verweisen zu können, daß dieses Prinzip vom Genfer Kongreß einstimmig angenommen wurde. Die Schweiz selbst, die es übrigens heute so erfolgreich praktiziert, hat ihm ohne die geringste Einschränkung beigepflichtet und es in vollem Ausmaß seiner Konsequenzen anerkannt. Leider ist dieses Prinzip in den Resolutionen des Kongresses sehr schlecht formuliert worden und findet sogar nur indirekte Erwähnung, zunächst anläßlich der Liga, die wir gründen wollen, und weiter unten, bezüglich der Zeitung, die wir unter dem Titel *Die Vereinigten Staaten von Europa* herausgeben wollen, während es, unserer Meinung nach, die erste Stelle in unserer Prinzipienerklärung hätte einnehmen müssen.

Das ist eine sehr ärgerliche Lücke, die wir schnellstens füllen sollten. Gemäß der einhelligen Überzeugung des Genfer Kongresses müssen wir verkünden:

1. daß es, um der Freiheit, der Gerechtigkeit und dem Frieden in den internationalen Beziehungen Europas zum Sieg zu verhelfen und um den Bürgerkrieg zwischen den verschiedenen Völkern der europäischen Familie unmöglich zu machen, nur ein einziges Mittel gibt: nämlich die Gründung der *Vereinigten Staaten von Europa*,

2. daß die Staaten von Europa niemals aus den Staaten, wie sie heute bestehen, gebildet werden können, angesichts der gewaltigen Ungleichheit zwischen ihren jeweiligen Kräften,

3. daß das Beispiel des aufgelösten Deutschen Bundes[17] nachdrücklich unter Beweis gestellt hat, daß ein Bund der Monarchien ein Hohn ist; daß er unfähig ist, den Frieden und die Freiheit der Bevölkerungen zu garantieren,

4. daß kein zentralisierter, bürokratischer und eben dadurch militärischer Staat, selbst wenn er sich als Republik bezeichnet, in ernsthafter und aufrichtiger Weise einem internationalen Bund beitreten kann. Aufgrund seiner Verfassung,

die stets eine offene oder verdeckte Negation der Freiheit im Innern sein wird, wäre er zwangsläufig eine ständige Kriegserklärung, eine Bedrohung für die Existenz seiner Nachbarländer.

Wesensmäßig auf einen nachträglichen Gewaltakt, die Eroberung, gegründet (was man im Zivilleben Einbruchdiebstahl nennt) – ein von der Kirche jedweder Religion geweihter, mit der Zeit bestätigter und eben dadurch in historisches Recht verwandelter Akt – und auf diese göttliche Weihe der siegreichen Gewalt gestützt wie auf ein ausschließliches und höchstes Recht, ist jeder zentralistische Staat eben dadurch die absolute Negation des Rechtes aller anderen Staaten, die er, ungeachtet der mit ihnen abgeschlossenen Verträge, niemals anerkennt, es sei denn aus politischem Interesse oder aus Ohnmacht.

5. Daß folglich alle Mitglieder der Liga mit all ihren Kräften danach streben sollten, ihre jeweiligen Vaterländer neu zu organisieren, um deren alte, von oben nach unten, auf die Gewalt und das Autoritätsprinzip gegründete Ordnung durch eine neue zu ersetzen, die keine andere Grundlage hat als die Interessen, Bedürfnisse und die natürliche Affinität der Bevölkerung, und kein anderes Prinzip als die freie Föderation der Individuen in den Gemeinden, der Gemeinden in den Regionen,* der Regionen in den Nationen und dieser schließ-

---

* Der berühmte italienische Patriot Giuseppe Mazzini,[18] dessen republikanisches Ideal das der französischen Republik von 1793 ist, vermischt mit den poetischen Traditionen Dantes und schwelgerischen Erinnerungen an die römische Weltherrschaft, dann noch einmal revidiert und korrigiert vom Standpunkt einer neuen, halb rationalen, halb mystischen Theologie – dieser bedeutende Patriot, ehrgeizig, leidenschaftlich und immer einseitig, trotz all der Mühe, die er sich gibt, das Niveau internationaler Gerechtigkeit zu erreichen – Mazzini ist immer ein erbitterter Gegner der regionalen Autonomie gewesen, die natürlich der strikten Einheitlichkeit seines italienischen Großstaates im Wege stünde. Er behauptet, daß die Gemeindeautonomie aus-

lich erst in den Vereinigten Staaten von Europa und später der ganzen Welt.

6. Folgerichtig die völlige Abschaffung all dessen, was man historisches Recht der Staaten nennt;[4] alle Fragen bezüglich natürlicher, politischer, strategischer, wirtschaftlicher Grenzen sollten fortan als zur Alten Geschichte gehörig betrachtet und von allen Mitgliedern der Liga energisch zurückgewiesen werden.

7. Anerkennung des absolutes Rechts jeder Nation, ob groß oder klein, jedes Volkes, ob stark oder schwach, jeder Region, jeder Gemeinde, auf vollständige Autonomie, vorausgesetzt, daß seine innere Verfassung keine Bedrohung und Gefahr für die Autonomie und die Freiheit der Nachbarländer ist.

8. Daraus, daß ein Land Teil eines Staates gewesen ist, selbst wenn es sich ihm freiwillig angeschlossen hat, ergibt sich keineswegs die Verpflichtung, daß es immer mit ihm verbunden bleiben muß. Keinerlei dauerhafte Verpflichtung kann

---

reichend sei, um zur Allmacht einer hochorganisierten Republik ein Gegengewicht zu bilden. Er täuscht sich: Keine einzelne Gemeinde wäre in der Lage, der Macht dieser gewaltigen Zentralisation zu widerstehen. Sie würde von ihr erdrückt. Um in diesem Kampf nicht zu unterliegen, müßte sie sich, zum Zweck eines gemeinsamen Widerstandes, mit allen Nachbargemeinden föderieren, das heißt, mit ihnen eine autonome Region bilden. Außerdem müßten die Regionen, sobald sie nicht mehr autonom wären, von Staatsbeamten regiert werden. Zwischen dem absolut konsequenten Föderalismus und dem bürokratischen Regime gibt es keinen Mittelweg. Woraus folgt, daß die von Mazzini angestrebte Republik ein bürokratisch und deshalb militärisch organisierter Staat wäre, gegründet zum Zwekke äußerer Macht, nicht internationaler Gerechtigkeit oder innerer Freiheit. 1793, während der Schreckensherrschaft,[19] wurde den Gemeinden Frankreichs die Autonomie zugestanden, was nicht verhindert hat, daß sie niedergeworfen wurden vom revolutionären Despotismus der Nationalversammlung oder vielmehr der Pariser Stadtregierung, deren legitimes Erbe Napoleon antrat.

von der menschlichen Gerechtigkeit, der einzigen, die für uns maßgeblich ist, geduldet werden, und wir werden niemals andere Rechte, andere Pflichten anerkennen, als diejenigen, die sich auf die Freiheit gründen. Das Recht auf freie Vereinigung und ebenso freie Abspaltung ist das erste, das wichtigste aller politischen Rechte, ohne das der Bund niemals etwas anderes wäre als eine verschleierte Zentralisation.

9. Aus dem Vorherigen folgt, daß die Liga jedes Bündnis dieser oder jener nationalen Fraktion der europäischen Demokratie mit den monarchischen Staaten schlichtweg verbieten muß, selbst wenn dieses Bündnis darauf abzielte, die Unabhängigkeit oder die Freiheit eines unterdrückten Landes zurückzuerobern. Ein solches Bündnis, daß nur zu Enttäuschungen führen kann, wäre zugleich ein Verrat an der Revolution.

10. Hingegen muß die Liga, gerade weil sie als Friedensliga überzeugt ist, daß der Frieden nur aufgrund der innigsten Verbundenheit der Völker in Gerechtigkeit und Freiheit erreicht und begründet werden kann, klar und deutlich ihre Sympathien für jeden nationalen Aufstand gegen jegliche Unterdrückung, ob durch eine fremde oder einheimische Macht, zum Ausdruck bringen, vorausgesetzt, daß dieser Aufstand im Einklang mit unseren Prinzipien und den politischen und ökonomischen Interessen der Volksmassen steht, nicht jedoch in der ehrgeizigen Absicht erfolgt, einen mächtigen Staat zu gründen.

11. Die Liga führt einen unerbittlichen Krieg gegen alles, was sich Ruhm, Größe und Macht der Staaten nennt. All diesen falschen und bösartigen Götzen, denen Millionen von Menschen geopfert wurden, setzen wir die Ruhmestaten des menschlichen Geistes entgegen, die sich in der Wissenschaft kundtun, und einen allgemeinen Wohlstand, der sich auf Arbeit, Gerechtigkeit und Freiheit gründet.

12. Die Liga erkennt die *Nationalität* als gegebene Tatsache an, mit einem unbestreitbaren Recht auf Existenz und freie Entfaltung, nicht jedoch als Prinzip – da jedes Prinzip das

Merkmal weltweiter Gültigkeit tragen muß, während die Nationalität sich nur auf ein beschränktes Gebiet bezieht. Dieses sogenannte *Nationalitätsprinzip*, wie es heutzutage von den Regierungen Frankreichs, Rußlands und Preußens, ja sogar von vielen deutschen, polnischen, italienischen und ungarischen Patrioten zum Grundsatz erhoben wird, ist nur ein Ablenkungsmanöver, das die Reaktion gegen den Geist der Revolution einsetzt. Im Grunde genommen ist dieses Prinzip höchst aristokratisch, was soweit geht, daß Vertreter dieses Prinzips die Dialekte der ungebildeten Bevölkerungen verächtlich machen. Es verleugnet stillschweigend die Freiheit der Regionen und die wirkliche Autonomie der Gemeinden, und genießt nirgendwo die Unterstützung der Volksmassen, deren reale Interessen es vielmehr systematisch einem sogenannten Gemeinwohl opfert, das immer nur das der privilegierten Klassen ist. Somit drückt dieses Prinzip nichts anderes aus, als die angeblichen historischen Rechte und den Ehrgeiz der Staaten. Das Recht der Nationalität kann von der Liga deshalb immer nur als eine natürliche Folgerung aus dem höchsten Prinzip der Freiheit betrachtet werden, und hört in dem Augenblick auf, ein Recht zu sein, in dem es sich entweder gegen die Freiheit stellt, oder diese auch nur außer Betracht läßt.

13. Die Einheit ist das Ziel, dem die Menschheit unaufhaltsam zustrebt. Aber sie wird immer dann verhängnisvoll, zerstörerisch für Geist, Würde und Wohlfahrt der Individuen und der Völker, wenn sie sich unter Mißachtung der Freiheit herausbildet, sei es durch Gewalt, sei es durch die Macht einer beliebigen theologischen, metaphysischen, politischen oder sogar ökonomischen Idee. Der Patriotismus, der die Einheit anstrebt, aber von der Freiheit absieht, ist ein schlechter Patriotismus und stets verderblich für die wirklichen Interessen des Volkes in dem Land, das zu preisen und dem zu dienen er vorgibt. Er ist, oft wider Willen, ein Freund der Reaktion und Feind der Revolution, das heißt, der Emanzipation der Nationen und der Menschen. Die Liga kann nur *eine* Einheit aner-

kennen: jene, die sich zwanglos aus der Föderation autonomer Teile zu einem Ganzen ergibt, so daß das Ganze nicht länger die Negation der Rechte und Interessen der Gemeinden ist oder der Friedhof, auf dem ihr Wohlergehen begraben liegt, sondern statt dessen das Ganze die Bestätigung und Quelle all ihrer Autonomien und ihres Wohlergehens darstellt. Die Liga wendet sich also mit Nachdruck gegen jegliche religiöse, politische, ökonomische und soziale Ordnung, die nicht vollständig von jenem großen Prinzip der Freiheit durchdrungen ist: Ohne sie gibt es keinen Geist, keine Gerechtigkeit, keinen Wohlstand, keine Menschlichkeit.

———

Dieses, meine Herren, sind nach unserer und gewiß auch Ihrer Meinung, die notwendigen Folgerungen und Konsequenzen aus dem großen Prinzip des Föderalismus, das der Genfer Kongreß klar und deutlich kundgetan hat. Dies sind die absoluten Bedingungen für Frieden und Freiheit.

Absolut, ja – aber sind es auch die einzigen? Das glauben wir nicht.

Die Südstaaten der großen republikanischen Konföderation Nordamerikas waren seit der Unabhängigkeitserklärung der republikanischen Staaten die eigentlichen Demokraten*, und ihr Föderalismus ging so weit, die Spaltung anzustreben. Und doch haben sie sich jüngst die Mißbilligung aller Anhänger der Freiheit und der Menschlichkeit auf der Welt zugezogen, und durch den ungerechten und ruchlosen Krieg,[20] den sie gegen die republikanischen Nordstaaten anzettelten, hätten sie die schönste politische Ordnung, die es in der Geschichte jemals gegeben hat, beinahe zugrunde gerichtet. Was kann der Grund für diese merkwürdige Tatsache sein? War es ein politischer Grund? Nein, es war einzig und allein ein *so-*

---

* Bekanntlich sind in Amerika die Anhänger der Interessen des Südens gegen den Norden, das heißt, der Sklaverei gegen die Sklavenbefreiung, die einzigen, die sich Demokraten nennen.

zialer. Die innere politische Verfassung der Südstaaten war sogar in mancherlei Hinsicht vollkommener und freier als die der Nordstaaten. Nur daß diese prächtige Ordnung einen dunklen Punkt aufwies, wie schon die Republiken der Antike; die Freiheit der Bürger gründete sich auf die Zwangsarbeit von Sklaven. Dieser dunkle Punkt genügte, um die gesamte politische Existenz dieser Staaten zu zerstören.

Bürger und Sklaven – das war der Antagonismus in der Antike wie auch in den Sklavenhalterstaaten der Neuen Welt. Bürger und Sklaven, das heißt Zwangsarbeiter, Sklaven, nicht von Rechts wegen, aber der Sache nach – das ist der Antagonismus der modernen Welt. Und wie die antiken Staaten an der Sklaverei zugrunde gegangen sind, so werden auch die modernen Staaten am Proletariat zugrunde gehen.

Es wäre vergeblich, sich mit dem Gedanken trösten zu wollen, daß dieser Antagonismus eher ein scheinbarer denn ein realer ist oder daß es unmöglich sei, eine Scheidelinie zwischen den besitzenden und den besitzlosen Klassen zu ziehen, da beide Klassen sich durch eine Vielzahl unmerklicher Übergänge miteinander vermischen würden. In der Natur gibt es solche Scheidelinien ebenfalls nicht. In der aufsteigenden Reihe der Wesen ist es zum Beispiel unmöglich, den Punkt zu bestimmen, wo das Pflanzenreich endet und das Tierreich beginnt oder wo letzteres endet und der Mensch beginnt. Gleichwohl gibt es einen sehr realen Unterschied zwischen Pflanze und Tier sowie zwischen Tier und Mensch. So ist auch in der menschlichen Gesellschaft, unbeschadet der Zwischenstufen, die einen unmerklichen Übergang von einer politischen und sozialen Stellung zu einer anderen bilden, der Klassenunterschied dennoch sehr ausgeprägt, und jeder wird den Blutsadel von der Finanzaristokratie, die Großbourgeoisie vom Kleinbürgertum und dieses von den Proletariern der Fabriken und der Städte unterscheiden können; ebenso wie den Großgrundbesitzer, den Rentier, den Bauern, der sein eigenes Land bewirtschaftet, den Pächter vom einfachen Landproletarier.

All diese verschiedenen politischen und sozialen Stellungen lassen sich heute auf zwei Hauptkategorien zurückführen, die einander diametral entgegengesetzt sind und in natürlicher Feindschaft zueinander stehen: die *politischen Klassen*, die aus all denen bestehen, die durch Besitz an Land oder Kapital oder auch nur durch bürgerliche Erziehung* privilegiert sind – , und die *arbeitenden Klassen*, die weder Kapital noch Land besitzen und denen es an jeglicher Erziehung und Bildung fehlt.

Man müßte schon blind oder ein Sophist sein, um die Existenz der Kluft zu leugnen, die heute diese beiden Klassen trennt. Wie die Antike beruht auch unsere moderne Zivilisation, die eine vergleichsweise sehr kleine Minderheit privilegierter Bürger umfaßt, auf der (durch Hunger) erzwungenen Arbeit der riesigen Mehrheit der Bevölkerung, die in verhängnisvoller Weise der Unwissenheit und Verrohung ausgesetzt ist.

Es wäre ebenfalls vergeblich, sich einreden zu wollen, diese Kluft könne dadurch geschlossen werden, daß man das Licht der Aufklärung in den Volksmassen verbreite. Es ist sehr gut, Schulen für das Volk zu gründen, doch muß man sich fragen, ob der einfache Mann, der sein karges Leben fristet, seine Familie von seiner Hände Arbeit ernährt, dem es selbst an Bildung und Muße gebricht und der zu ermüdender und abstumpfender Arbeit gezwungen ist, um den Seinen das Brot für den nächsten Tag zu verschaffen – man muß sich fragen, ob er überhaupt nur daran denken kann, ob er den Wunsch oder gar die Möglichkeit hat, seine Kinder zur Schule zu schicken und während der ganzen Zeit ihrer Ausbildung für

* Selbst in Ermangelung anderer Güter verschafft diese bürgerliche Erziehung mit Hilfe der Solidarität, die alle Angehörigen des Bürgertums verbindet, jedem, der sie erhalten hat, ein enormes Privileg bei der Entlohnung seiner Arbeit – die mittelmäßigsten Bourgeois erhalten für ihre Arbeit fast immer drei- oder viermal so viel wie der intelligenteste Arbeiter.

sie zu sorgen? Ist er nicht auf die Hilfe ihrer schwachen Arme angewiesen, auf ihre kindliche Arbeit, um für alle Bedürfnisse seiner Familie aufzukommen? Es würde ihm schon ein großes Opfer abverlangen, wenn er sie ein oder zwei Jahre zum Unterricht schickte, gerade lange genug, um lesen, schreiben und rechnen zu lernen und sich Herz und Verstand durch den christlichen Religionsunterricht vergiften zu lassen, der ja mit Absicht in so reichlichem Maße an den staatlichen Volksschulen aller Länder erteilt wird. Wird dieses Wenige an Bildung jemals in der Lage sein, die Arbeitermassen mit der bürgerlichen Intelligenz auf eine Stufe zu stellen? Kann die Kluft geschlossen werden?

Es ist offensichtlich, daß die so bedeutsame Frage der Bildung und Erziehung des Volkes von der Lösung jener anderen, viel schwierigeren Frage einer grundlegenden Reform der gegenwärtigen ökonomischen Lage der arbeitenden Klassen abhängt. Verbessert die Lage der Arbeit, gebt der Arbeit, was ihr gerechterweise zusteht und verschafft damit dem Volk Sicherheit, Wohlstand und Muße, und dann, davon könnt Ihr überzeugt sein, wird es sich bilden, wird es eine Zivilisation schaffen, die größer, gesünder und erhabener ist als die Eure.

Es wäre ebenfalls vergeblich, mit den Nationalökonomen zu erklären, daß die Verbesserung der wirtschaftlichen Lage der arbeitenden Klassen vom allgemeinen Fortschritt der Industrie und des Handels in jedem Land und von ihrer vollständigen Befreiung aus der Vormundschaft und der Obhut der Staaten abhängt. Die Freiheit der Industrie und des Handels ist gewiß eine großartige Sache und einer der wesentlichen Grundlagen der zukünftigen internationalen Allianz aller Völker dieser Welt. Da wir doch Freunde der Freiheit sind, aller Freiheiten, müßten wir auch für diese eintreten. Aber andererseits ist nicht zu leugnen, daß, solange die gegenwärtigen Staaten fortbestehen und solange die Arbeit noch der Knechtung durch Besitz und Kapital unterliegt, diese Freiheit, die einen winzigen Teil des Bürgertums auf Kosten der riesigen Mehrheit der Bevölkerung bereichert, nur zu einem führen wird: dazu, die kleine Zahl der Privilegierten geistig und seelisch noch gründlicher zu zerrütten, das Elend, den Groll und den gerechten Zorn der Arbeitermassen zu vermehren und dadurch die Zerstörung der Staaten zu beschleunigen.

England, Belgien, Frankreich und Deutschland sind sicherlich die Länder Europas, in denen Handel und Industrie die vergleichsweise größte Freiheit genießen, dort ist der Entwicklungsstand am höchsten. Und eben jene Länder sind es auch, in denen der Pauperismus[21] am grausamsten wütet, in denen sich die Kluft zwischen den Kapitalisten und den Besitzenden auf der einen Seite und den arbeitenden Klassen auf der anderen in einem Maße vergrößert zu haben scheint, das in anderen Ländern unbekannt ist. In Rußland, in Skandinavien, in Italien, in Spanien, wo Handel und Industrie wenig entwickelt sind, stirbt man, wenn keine unvorhergesehene Katastrophe eintritt, selten an Hunger. In England dagegen ist der Hungertod eine Alltäglichkeit. Und es sind nicht einzelne, die daran sterben, sondern Tausende, Zehntausende, Hunderttausende. Ist es nicht offensichtlich, daß beim derzeitigen ökonomischen Zustand der gesamten zivilisierten Welt – die Freiheit und Entfaltung von Handel und Industrie, die wunderbaren Anwendungen der Wissenschaft auf die Produktion, die Maschinen selbst, die dazu ausersehen sind, den Arbeiter zu befreien, indem sie die menschliche Arbeit erleichtern – all diese Erfindungen, dieser Fortschritt, auf die der zivilisierte Mensch zu Recht stolz ist, nicht etwa die Lage der arbeitenden Klassen verbessern, sondern sie nur noch schlimmer und unerträglicher machen.

Einzig Nordamerika macht noch größtenteils eine Ausnahme von dieser Regel. Doch widerlegt diese Ausnahme die Regel nicht etwa, sondern bestätigt sie noch. Wenn die Arbeiter dort besser bezahlt werden als in Europa und niemand verhungert, wenn gleichzeitig der Klassenantagonismus dort noch kaum vorhanden ist, wenn alle Arbeiter Bürger sind und die Masse der Bürger dort sozusagen eine geschlossene Einheit bildet, wenn dort schließlich ein guter Elementarunterricht und sogar höhere Bildung in den Massen weit verbreitet sind, so muß man dies zweifelsohne zu einem großen Teil dem traditionellen Geist der Freiheit zuschreiben, den die ersten Siedler aus England mitgebracht haben: Entstanden, erprobt und gefestigt in den großen Religionskämpfen, wird dieses Prinzip individueller Unabhängigkeit und *Selbstregierung* der Gemeinden und Regionen, noch durch jenen glücklichen Umstand begünstigt, daß es, in ein menschenleeres Gebiet verpflanzt und von den Obsessionen der Vergangenheit befreit, eine neue Welt schaffen konnte – die Welt der Freiheit.

Und die Freiheit ist eine solche Wundertäterin, mit einer solchen Zauberkraft begabt, daß Nordamerika, allein unter ihrem Leitstern, die Zivilisation Europas in weniger als einem Jahrhundert hat erreichen und, so könnte man heute sagen, sogar übertreffen können. Doch darf man sich nicht täuschen lassen, diese fabelhaften Fortschritte und dieser so beneidenswerte Wohlstand sind größtenteils und vor allem einem bedeutenden Vorteil zu verdanken, den Amerika mit Rußland gemein hat: Wir meinen die riesigen Flächen fruchtbaren Bodens, die mangels Arbeitskräften bis heute nicht landwirtschaftlich genutzt werden.

Bis jetzt wenigstens ist dieser große Landreichtum für Rußland fast bedeutungslos geblieben, weil wir niemals in den Genuß der Freiheit gekommen sind. Anders in Nordamerika, das durch eine Freiheit, wie sie nirgendwo sonst existiert, jedes Jahr hunderttausende tatkräftiger, fleißiger und intelligenter Siedler anlockt, und sie, dank dieses Reichtums, auch aufnehmen kann. Zugleich hält es damit den Pauperismus fern und schiebt den Zeitpunkt hinaus, an dem sich die soziale Frage stellen wird: Ein Arbeiter, der keine Arbeit findet oder nicht zufrieden ist mit dem Lohn, den das Kapital ihm bietet, kann zur Not immer noch weiterziehen in den *far west*, um dort ein Stück wüstes und unbewohntes Land urbar zu machen.

Diese Möglichkeit, die allen Arbeitern Amerikas immer noch als Ausweg offensteht, hält ganz von selbst die Löhne hoch und verleiht jedem eine Unabhängigkeit, die in Europa unbekannt ist. So viel zu den Vorzügen, doch der Nachteil ist: Da die günstigen Preise für Industrieprodukte zum großen Teil durch niedrige Arbeitslöhne erzielt werden, sind die amerikanischen Fabrikanten zumeist nicht in der Lage, mit den Fabrikanten Europas zu konkurrieren – daher die Notwendigkeit eines Schutzzollsystems für die Industrie der Nordstaaten. Doch führte letzteres zunächst zur Schaffung einer Vielzahl künstlicher Industrien, vor allem aber zur Unterdrückung und zum Ruin der nicht industrialisierten Südstaaten, was diese in die Sezession trieb; und dann – in Städten wie New York, Philadelphia, Boston und vielen anderen – zur Konzentration proletarischer Arbeitermassen, deren Situation sich nach und nach der Lage der Arbeiter in den großen europäischen Industriestaaten anzugleichen beginnt. Und wir erkennen in der Tat, daß die soziale Frage, wie bei uns schon längst, sich nun auch in den Nordstaaten stellt.

So müssen wir denn als allgemeine Regel anerkennen, daß in unserer modernen Welt die Zivilisation einer kleinen Zahl von Personen, wenn auch nicht so ausschließlich wie in der Antike, sich dennoch weiterhin auf die Zwangsarbeit und die entsprechende Barbarei der großen Masse gründet. Es wäre ungerecht zu behaupten, daß der privilegierten Klasse die Arbeit fremd sei; im Gegenteil, auch sie arbeitet heutzutage fleißig, die Zahl der absolut Untätigen nimmt spürbar ab, und man beginnt in ihren Kreisen, die Arbeit in Ehren zu halten. Denn die Reichen dieser Welt begreifen mittlerweile, daß es harter Arbeit bedarf, um auf der Höhe der gegenwärtigen Zivilisation zu bleiben und die eigenen Privilegien erhalten und nutzen zu können. Indes besteht jener Unterschied zwischen der Arbeit der wohlhabenden und der der arbeitenden Klassen, daß erstere, da sie unendlich viel besser bezahlt wird als letztere, ihren Nutznießern *Muße* läßt, jene unabdingbare Voraussetzung jeder menschlichen, sowohl geistigen wie moralischen Entwicklung – eine Voraussetzung, die für die arbeitenden Klassen niemals bestanden hat. Außerdem ist die

Arbeit, die in den Kreisen der Privilegierten verrichtet wird, fast ausschließlich eine *geistige Arbeit* – eine des Gedächtnisses, des Denk- und Vorstellungsvermögens – , während die Arbeit der Millionen Proletarier eine *körperliche Arbeit* ist und häufig, wie zum Beispiel in allen Fabriken, eine Arbeit, die nicht das gesamte Muskelsystem des Menschen zugleich beansprucht, sondern nur einen Teil zum Schaden aller anderen ausbildet, und ganz allgemein unter Umständen verrichtet wird, die der Gesundheit des Körpers abträglich sind und seiner harmonischen Entwicklung entgegenwirken. In dieser Beziehung ist der Landarbeiter glücklicher dran: Sein Körper, der keinen Schaden nimmt an der erstickenden und häufig vergifteten Atmosphäre der Werkstätten und Fabriken und nicht verunstaltet wird von der unnatürlichen Ausbildung einer seiner Kräfte zum Nachteil der anderen, bleibt kräftiger, vielseitiger – hingegen ist sein Geist fast immer unbeweglicher, schwerfälliger und viel weniger entwickelt als der des Fabrikarbeiters in den Städten.

Mit einem Wort, Handwerker, Fabrikarbeiter und Landarbeiter bilden zusammen ein und dieselbe Kategorie, die der *körperlichen Arbeit*, im Gegensatz zu den privilegierten Vertretern der *geistigen Arbeit*. Was folgt aus dieser keineswegs scheinbaren, sondern sehr realen Teilung, die der gegenwärtigen sozialen wie politischen Situation insgesamt zugrunde liegt?

Den privilegierten Vertretern *der geistigen Arbeit* – die, nebenbei bemerkt, in der heutigen Gesellschaftsordnung nicht deshalb dazu berufen sind, diese auszuüben, weil sie die intelligentesten wären, sondern allein deshalb, weil sie der privilegierten Klasse entstammen – , ihnen gehören alle Wohltaten, aber auch alle Schändlichkeiten der gegenwärtigen Zivilisation, der Reichtum, der Luxus, der Komfort, das Wohlbefinden, die Annehmlichkeiten des Familienlebens, die alleinige politische Freiheit, sowie das Recht, die Arbeit von Millionen Arbeitern auszubeuten und sie nach Gutdünken und gemäß ihrem eigenen Interesse zu regieren, alle Schöpfungen, alle Vorzüge eines verfeinerten Denk- und Vorstellungsvermögens ... und zusammen mit der Möglichkeit, sich zu vollständigen Menschen auszubilden, auch alle Gifte einer vom Privileg verdorbenen Menschheit.

Den Vertretern der *körperlichen Arbeit*, diesen unzähligen Millionen von Proletariern oder auch kleinen Landbesitzern, was bleibt ihnen? Ein auswegloses Elend, nicht einmal die Freuden der Familie, denn die Familie wird dem Armen schnell zur Last, Unwissenheit, die Verdammung zu einer barbarischen, wir würden fast sagen, viehischen Existenz, mit dem schwachen Trost, der Zivilisation, der Freiheit und der Verderbnis einer kleinen Zahl von Privilegierten als Sockel zu dienen. Andererseits haben sie sich die Reinheit des Geistes und des Herzens erhalten. Geläutert durch Arbeit, selbst durch die erzwungene, haben sie sich einen Sinn für Gerechtigkeit bewahrt, der unverfälschter ist als die Gerechtigkeit der Rechtsgelehrten und der Gesetzbücher. Selbst bettelarm, erregt jede Not ihr Mitgefühl. Sie haben sich einen gesunden Menschenverstand bewahrt, der nicht verdorben ist durch die Sophismen der doktrinären Wissenschaft oder die Lügen der Politik – und sie setzen Vertrauen ins Leben, da sie es noch nicht verwenden, geschweige denn verschwenden konnten.

Aber, so wird man uns entgegenhalten, diesen Gegensatz, diesen Abgrund zwischen der kleinen Zahl der Privilegierten und der riesigen Zahl der Besitzlosen hat es immer gegeben, und es gibt ihn noch: Was hat sich also geändert? Es hat sich dies geändert, daß dieser Abgrund früher durch die Wolken der Religion gefüllt wurde, so daß die Volksmassen ihn nicht sahen, während heute, seit die Große Französische Revolution begonnen hat, diese Wolken zu vertreiben, auch sie beginnen, ihn zu sehen und eine Erklärung zu verlangen. Das ist schon unendlich viel.

Seitdem die Revolution ihr Evangelium unter die Massen gebracht hat, kein mystisches, sondern ein rationales, kein himmlisches, sondern ein irdisches, kein göttliches, sondern ein menschliches Evangelium – ihr Evangelium der Menschenrechte; seit sie verkündet hat, daß alle Menschen gleich und alle gleichermaßen zur Freiheit und Menschlichkeit berufen sind, erwachen die Volksmassen in ganz Europa, in der ganzen zivilisierten Welt, langsam aus der Betäubung, in die sie das Christentum mit seinen Schlafmitteln versetzt hatte, und beginnen, sich zu fragen, ob nicht auch sie ein Recht auf Gleichheit, Freiheit und Menschlichkeit haben?

Seit dem Augenblick, da diese Frage gestellt wurde, hatte das Volk, unter Einsatz seines bewundernswerten Menschenverstandes, aber auch seines Instinktes, überall begriffen, daß die wichtigste Bedingung seiner wirklichen Emanzipation, oder wenn Sie mir dieses Wort gestatten, seiner *Humanisierung*, vor allem eine grundlegende Reform seiner wirtschaftlichen Lage war. Die Frage des Brotes gilt ihm zurecht als die erste Frage, denn wie bereits Aristoteles bemerkte: Um denken, frei empfinden, ein Mensch werden zu können, muß der Mensch der Sorgen des materiellen Lebens enthoben sein. Übrigens wissen das die Bourgeois sehr wohl, die sich gegen den Materialismus des Volkes ereifern und ihm die Hungerkuren des Idealismus anempfehlen, denn was sie predigen, sind Worte, keine Beispiele. Die zweite Frage für das Volk ist die der Muße nach der Arbeit, unerläßliche Bedingung der Menschlichkeit; doch Brot und Muße wird es niemals erlangen können ohne eine radikale Umwälzung der bestehenden Gesellschaftsordnung, was erklärt, weshalb die Französische Revolution, als logische Folgerung aus ihrem eigenen Prinzip, den *Sozialismus* hervorgebracht hat.

II
SOZIALISMUS

Die Verkündung der Französischen Revolution, ein jeder habe das Recht und die Pflicht, ein Mensch zu werden, führte in letzter Konsequenz zum Babouvismus.[22] Babeuf, einer der letzten jener tatkräftigen und unbestechlichen Bürger, die die

Revolution in so großer Zahl hervorgebracht und dann getötet hat, und der sich glücklich schätzen konnte, Männer wie Buonarotti zu seinen Freunden zu zählen, hatte in einem erstaunlichen Theorieentwurf die politischen Traditionen der Antike mit den modernen Ideen einer sozialen Revolution zusammengeführt. Er erkannte, daß sich die Revolution im Niedergang befand, weil ein radikaler Wandel ausblieb, der bei der damaligen wirtschaftlichen Ordnung der Gesellschaft sehr wahrscheinlich unmöglich gewesen wäre. Übrigens ganz im Geiste dieser Revolution, die am Ende jede individuelle Initiative durch die Allmacht des Staates ersetzte, sah sein Entwurf eines politischen und sozialen Systems vor, daß die Republik, Ausdruck des kollektiven Willens der Bürger, alle individuellen Besitztümer beschlagnahmen und sie im Interesse aller verwalten sollte, wobei jeder zu gleichen Teilen Erziehung, Bildung, Existenzmittel, Vergnügungen erhalten, und alle ohne Ausnahme, nach Maßgabe der Kräfte und Fähigkeiten des einzelnen, zur geistigen wie zur körperlichen Arbeit herangezogen werden sollten. Die Verschwörung Babeufs scheiterte, er wurde mit mehreren seiner Freunde guillotiniert. Aber sein Ideal einer sozialistischen Republik überdauerte ihn. Behütet von seinem Freund Buonarotti, dem größten Verschwörer dieses Jahrhunderts, wurde diese Idee von ihm wie ein heiliger Schatz an die nachfolgenden Generationen weitergegeben, und dank der Geheimgesellschaften, die er in Belgien und Frankreich ins Leben rief, keimten die kommunistischen Ideen in der Phantasie des Volkes. Sie fanden zwischen 1830 und 1848 in Cabet und Louis Blanc kluge Fürsprecher,[23] die endgültig den *revolutionären Sozialismus* begründeten. Eine andere sozialistische Strömung, die von derselben revolutionären Quelle ausging, auf dasselbe Ziel gerichtet war, aber mit völlig anderen Mitteln, und die wir gerne *doktrinären Sozialismus* nennen würden, wurde von zwei bedeutenden Männern geschaffen: Saint-Simon und Fourier.[24] Es war der Père Enfantin,[25] der durch seine Kommentare, Erläuterungen und Umdeutungen den Saint-Simonismus als quasi-praktisches System, als Kirche begründete, zusammen mit vielen Freunden, die heute zumeist dem napoleonischen Kaiserreich besonders ergebene Bankiers und Staatsmänner geworden sind. Der Fourierismus fand seine Stimme in der *Démocratie pacifique*, die bis zum 2. Dezember [1851] von Victor Considérant herausgegeben wurde.[26]

Das Verdienst dieser beiden sozialistischen Systeme, die sich übrigens in vielerlei Hinsicht unterscheiden, besteht hauptsächlich in der tiefschürfenden, wissenschaftlich begründeten Kritik der bestehenden Gesellschaftsordnung, deren ungeheuerliche Widersprüche sie unerschrocken aufdeckten; sowie in der wichtigen Tatsache, daß sie mit ihren heftigen Attacken das Christentum erschütterten, und zwar im Namen der Wiederentdeckung der Materie und der menschlichen Leidenschaften, die von den christlichen Priestern verleumdet, zugleich aber auch sehr geschickt benutzt wurden. Das Christentum wollten die Saint-Simonisten durch eine neue, auf den mystischen Kult des Fleisches begründete Religion ersetzen, mit einer neuen Priesterkaste und neuen Ausbeutern der Masse, die aufgrund ihres Genies, ihrer Geschicklichkeit und ihres Talents Privilegien beanspruchten. Die Fourieristen, die viel größere und, könnte man sagen, aufrechtere Demokraten waren, stellten sich vor, daß ihre Phalansterien[27] durch gewählte Führer regiert und verwaltet würden, und daß jeder, so glaubten sie, dort von selbst seine Arbeit und seinen Platz finden würde, gemäß der Natur seiner Leidenschaften. Die Fehler der Saint-Simonisten sind zu offenkundig, als daß es notwendig wäre, sie zu erwähnen. Der doppelte Irrtum der Fourieristen bestand darin, daß sie zum einen allen Ernstes glaubten, es würde ihnen allein durch ihre Überzeugungskraft und ihre friedliche Propaganda gelingen, das Herz der Reichen zu rühren, so daß diese schließlich von allein ihren überschüssigen Reichtum an den Pforten ihrer Phalansterien abliefern würden; zum anderen, daß sie sich vorstellten, man könne in der Theorie, *a priori*, ein soziales Paradies aufbauen, in dem die gesamte zukünftige Menschheit Platz fände. Sie hatten nicht begriffen, daß wir zwar die grundlegenden Prinzipien der zukünftigen Entwicklung darlegen können, daß wir aber die praktische Umsetzung dieser Prinzipien den Erfahrungen der Zukunft überlassen müssen.

Ganz allgemein war die Reglementierungswut – mit einer Ausnahme – die gemeinsame Leidenschaft aller Sozialisten vor 1848: Cabet, Louis Blanc, Fourieristen, Saint-Simonisten, alle waren sie davon besessen, sich die Zukunft gefügig zu machen und sie im voraus zu gestalten, allesamt waren sie mehr oder minder *Autoritäre.*

Doch dann kam Proudhon:[28] Der Sache wie dem Gespür nach hundert Mal revolutionärer als all diese doktrinären bürgerlichen Sozialisten, wappnete sich dieser Bauernsohn mit einer ebenso tiefgründigen und scharfsinnigen wie unerbittlichen Kritik, um alle ihre Systeme zu zerstören. Der Autorität stellte er die Freiheit entgegen und bekannte sich, wider diese Staatssozialisten, offen heraus als Anarchist. Ihrem Deismus oder Pantheismus bot er die Stirn und nannte sich einfach Atheist oder vielmehr, mit Auguste Comte,[29] *Positivist.*

Sein eigener Sozialismus gründete sich auf die individuelle wie kollektive Freiheit und auf das selbständige Handeln freier Vereinigungen. Sie sollten keinen anderen Gesetzen unterworfen sein, als den allgemeinen Gesetzen der sozialen Ökonomie, die von der Wissenschaft entdeckt wurden oder noch zu entdecken bleiben, unabhängig von jeglicher Bevormundung durch die Regierung und allem staatlichen Schutz. Im übrigen ordnete er die Politik den ökonomischen, geistigen und moralischen Interessen der Gesellschaft unter. Dieser Sozialismus sollte später und mit notwendiger Konsequenz zum Föderalismus führen.

Das war der Stand der sozialen Wissenschaft vor 1848. Die Polemik der Zeitungen, Flugschriften und sozialistischen Broschüren trug eine Menge neuer Ideen in die arbeitenden Klassen; sie waren durchdrungen davon, und als die Revolution von 1848 ausbrach, offenbarte sich der Sozialismus als eine Macht.

Der Sozialismus, so sagten wir, war der letzte Sproß der Großen Französischen Revolution. Doch bevor sie ihn gebar, hatte sie schon einen direkteren Erben zur Welt gebracht, ihren Ältesten, das Lieblingskind von Robespierre und Saint-Just: den *reinen Republikanismus*, ohne Beimischung sozialistischer Ideen. Seit dem Altertum bekannt, wandelt er auf den Spuren der großen Bürger Griechenlands und Roms und eifert ihren heldenhaften Traditionen nach. Viel weniger humanitär gesinnt als der Sozialismus, kennt er praktisch keine Menschen, sondern nur Bürger. Und während der Sozialismus eine *Republik der Menschen* zu begründen sucht, will er eine *Republik der Bürger*, selbst wenn diese als *Aktivbürger*, um uns eines Ausdrucks der Konstituante zu bedienen, ihr bürgerliches Privileg auf die Ausbeutung der Arbeit der *Passivbürger*[30] gründen, gemäß den Verfassungen, die mit naturnotwendiger Konsequenz auf die Verfassung von 1793 folgten (die ja, nach kurzem Zögern, die soziale Frage bewußt außer Acht gelassen hatte). Der *politische* Republikaner ist übrigens in bezug auf sich selbst kein Egoist, zumindest kann man das von ihm erwarten, doch für sein Vaterland ist er es allemal. Er muß es leichten Herzens über sich selbst, über alle Menschen, über alle Nationen und die gesamte Menschheit stellen. Folglich wird er die internationale Gerechtigkeit stets mißachten. In allen Debatten, ob sein Vaterland Recht oder Unrecht hat, wird er stets zu dessen Gunsten entscheiden. Er wird wollen, daß es allen überlegen ist, daß es alle fremden Nationen an Macht und Ruhm weit übertrifft. Er wird einen natürlichen Hang zum Eroberer entwickeln – mag die Erfahrung von Jahrhunderten ihm auch gezeigt haben, daß militärische Siege zwangsläufig zum Cäsarismus führen.

Der *sozialistische* Republikaner verachtet Größe, Macht und militärischen Ruhm des Staates – er zieht ihnen Freiheit und Wohlstand vor. Föderalist im Innern, strebt er die internationale Konföderation an, zunächst aus Liebe zur Gerechtigkeit und dann, weil er überzeugt ist, daß die ökonomische und soziale Revolution, die sich über die künstlichen und verhängnisvollen Grenzen der Staaten hinwegsetzt, nicht zu verwirklichen ist, und sei es nur zum Teil, ohne das solidarische Zusammenwirken, wenn nicht aller, so doch des größten Teils der Nationen, die heute die zivilisierte Welt bilden, und daß sich ihr, früher oder später, alle werden anschließen müssen. Der ausschließlich politische Republikaner ist ein Stoiker, er kennt keine Rechte, nur Pflichten, oder er läßt, wie in der Republik Mazzinis, nur ein einziges Recht gelten: sich stets dem Vaterland zu weihen und zu opfern, nur zu leben, um ihm zu dienen und um seinetwillen mit Freude zu sterben, wie es in dem Lied heißt, das Alexandre Dumas[31] willkürlich den Girondisten in den Mund gelegt hat: »*Nichts ist so ehrenvoll, kein Schicksal ist so schön, als für das Vaterland in den Tod zu gehn*«. Der Sozialist hingegen stützt sich auf seine positiven Lebensrechte und auf alle geistigen, moralischen und physischen Genüsse des Lebens. Er liebt das Leben, und er will es voll und ganz genießen. Da seine Überzeugungen ein Teil seiner selbst und seine Pflichten gegenüber der Gesellschaft unauflöslich mit seinen Rechten verknüpft sind, wird er, um beiden treu zu bleiben, im Einklang mit der Gerechtigkeit zu leben wissen, wie Proudhon – und wenn nötig sterben, wie Babeuf. Aber er wird niemals behaupten, das Leben der Menschheit müsse ein Opfer sein oder der Tod sei das süßeste Los. Freiheit ist für den politischen Republikaner ein leeres Wort; es ist die Freiheit, ein freiwilliger Sklave zu sein, das ergebene Opfer des Staates. Da er stets bereit ist, ihm die eigene Freiheit zu opfern, wird er ihm um so bereitwilliger die der anderen opfern. Der politische Republikanismus führt also unweigerlich zum Despotismus. Die Freiheit im Verein mit dem Wohlstand, die die Menschlichkeit aller durch die Menschlichkeit des einzelnen hervorbringt, ist für den sozialistischen Republikaner alles, während der Staat in seinen Augen nur ein Werkzeug ist, ein Diener seines Wohlergehens und der Freiheit des einzelnen. Der Sozialist unterscheidet sich vom Bourgeois durch die *Gerechtigkeit*, weil er für sich selbst nur den wirklichen Ertrag seiner eigenen Arbeit verlangt. Und er unterscheidet sich vom reinen Republikaner durch seinen *freimütigen, menschlichen Egoismus*, dadurch, daß er offen und ohne Umschweife für sich selbst lebt und daß er, durch die Gewißheit, dies *im Einklang mit der Gerechtigkeit* zu tun, der ganzen Gesellschaft dient und durch diesen Dienst an der Gesellschaft seine eigenen Angelegenheiten besorgt. Der Republikaner ist streng und häufig aus Patriotismus – wie der Priester aus religiösen Gründen – grausam. Der Sozialist ist natürlich, gemäßigt patriotisch, jedoch stets sehr menschlich. Kurz gesagt, zwischen dem republikanischen Sozialisten und dem politischen Republikaner klafft ein Abgrund: Der eine, als *halbreligiöses Geschöpf*, gehört der Vergangenheit an; dem anderen, dem *Positivisten oder Atheisten*, gehört die Zukunft.

Dieser Antagonismus trat 1848 offen zutage. Schon seit den ersten Stunden der Revolution verstanden sich beide, Sozialisten und Republikaner, überhaupt nicht mehr: Ihre Ideale, all ihre Instinkte zogen sie in diametral entgegengesetzte Richtungen. Die ganze Zeit zwischen Februar[32] und Juni [1848] wurde mit Streitereien verschwendet, die den Bürgerkrieg in das Lager der Revolutionäre trugen, ihre Kräfte lähmten und damit den Ausschlag gaben zugunsten der mittlerweile beträchtlich angewachsenen Koalition der Reaktionäre aller Schattierungen, die die Angst zu einer einzigen Partei zusammengeschweißt hatte. Im Juni verbündeten sich die Republikaner ihrerseits mit der Reaktion, um die Sozialisten zu vernichten.[33] Sie glaubten, den Sieg errungen zu haben und stürzten doch nur ihre geliebte Republik in den Abgrund. General Cavaignac, der die Ehre der Armee gegen die Revolution vertrat, wurde der Vorläufer von Napoleon III. Dessen war man sich damals, außer in Frankreich, überall bewußt, denn dieser verhängnisvolle Sieg der Republikaner über die Arbeiter von Paris wurde an allen Höfen Europas als großer Sieg gefeiert, und die preußischen Gardeoffiziere, ihre Generäle voran, beeilten sich, General Cavaignac ihre brüderlichen Glückwünsche zu übermitteln.

In Angst und Schrecken versetzt durch das rote Gespenst, gab sich die Bourgeoisie Europas der vollständigen Unterwürfigkeit anheim. Von Natur aus widerspenstig und freisinnig, ist sie an sich keine Verehrerin des Militärregimes, doch angesichts der drohenden Gefahr einer Emanzipation des Volkes entschied sie sich zu Gunsten des Militärs. Da sie schon ihre Würde zusammen mit all ihren glorreichen Errungenschaften aus dem XVIII. und dem Beginn dieses Jahrhunderts geopfert hatte, glaubte sie wenigstens den Frieden und die Ruhe erkauft zu haben, die für den Erfolg ihrer Industrie- und Handelsgeschäfte notwendig sind: »Wir opfern euch unsere Freiheit«, schienen sie den Militärmächten zu bedeuten, die sich erneut aus den Ruinen auch dieser dritten Revolution erhoben, »laßt uns dafür in Ruhe die Arbeit der Volksmassen ausbeuten und beschützt uns vor ihren Forderungen, die in der Theorie gerechtfertigt erscheinen mögen, die aber, vom Standpunkt unserer Interessen aus betrachtet, verabscheuenswert sind.«

Man versprach ihr alles und hielt sogar Wort. Warum ist dann die Bourgeoisie, die ganze Bourgeoisie Europas, heute im allgemeinen unzufrieden?

Sie hatte nicht bedacht, daß ein Militärregime teuer ist, daß es bereits aufgrund seiner inneren Verfassung die Nationen lähmt, sie in Unruhe versetzt, sie zugrunde richtet, und daß es überdies, gemäß der ihm eigenen und stets gleichbleibenden Logik mit unfehlbarer Konsequenz *zum Krieg* führt; dynastische Kriege, Kriege um der Ehre willen, Eroberungskriege, Kriege um natürliche Grenzen, Kriege für die Erhaltung des Gleichgewichts – ständige Zerstörung und Einverleibung von Staaten durch andere Staaten, Ströme menschlichen Blutes, verbrannte Erde, zerstörte Städte, Verwüstung ganzer Landstriche – und das alles, um den Ehrgeiz der Fürsten und ihrer Günstlinge zu befriedigen, um ihnen Reichtümer zu verschaffen, um die Bevölkerung zu beschäftigen und sie in Zucht und Ordnung zu halten und um Geschichte zu schreiben.

Dies begreift jetzt auch die Bourgeoisie, und deshalb ist sie unzufrieden mit dem Regime, zu dessen Errichtung sie so tatkräftig beigetragen hat. Sie ist seiner überdrüssig; aber was soll sie an die Stelle des Bestehenden setzen?

Die Zeiten der konstitutionellen Monarchie sind vorbei, und außerdem ist sie auf dem europäischen Kontinent niemals sonderlich gut gediehen. Ja, sogar in England, dieser historischen Wiege des modernen Konstitutionalismus, wo die aufstrebende Demokratie ihr heute hart zusetzt, ist sie erschüttert, gerät sie ins Schwanken und wird bald nicht mehr in der Lage sein, die steigende Flut der Leidenschaften und Forderungen des Volkes einzudämmen.

Die Republik? Aber welche Republik? Die rein politische, oder die demokratische und soziale? Sind die Völker noch sozialistisch? Ja, mehr denn je.

Was im Juni 1848 unterlag, war nicht der Sozialismus im allgemeinen, sondern nur der *Staatssozialismus*, der autoritäre Verordungssozialismus, der geglaubt, gehofft hatte, daß die Bedürfnisse und rechtmäßigen Ansprüche der arbeitenden Klassen durch den Staat vollends zufriedengestellt worden wären und daß dieser, mit allen Vollmachten ausgestattet, eine neue Gesellschaftsordnung hätte errichten können und wollen.

Es war also nicht der Sozialismus, der im Juni gestorben ist, sondern im Gegenteil der Staat, der vor dem Sozialismus seinen Bankrott erklärt hat und der, angesichts des offenen Eingeständnisses seiner Unfähigkeit, die Schuld, die er bei ihm aufgenommen hatte, zu begleichen, ihn zu töten versuchte, um sich auf die einfachste Weise dieser Schuld zu entledigen. Es gelang ihm nicht, ihn zu töten, statt dessen zerstörte er das Vertrauen, das der Sozialismus in ihn gesetzt hatte, und er vernichtete zugleich alle Theorien des autoritären oder doktrinären Sozialismus, von denen die einen, wie Cabet mit seinem ›Ikarien‹ und Louis Blanc mit seiner ›Organisation der Arbeit‹, dem Volke angeraten hatten, sich in allen Belangen auf den Staat zu verlassen, während die anderen durch eine Reihe lächerlicher Experimente ihre eigene Nichtigkeit unter Beweis stellten. Selbst die Bank Proudhons, die unter günstigeren Umständen hätte florieren können, scheiterte an der Mißbilligung und allgemeinen Feindseligkeit der Bourgeois.

Der Sozialismus verlor diese erste Schlacht aus einem sehr einfachen Grund: Er war reich an Instinkten und subversiven theoretischen Ideen, die ihm tausend Mal recht gaben gegen das Privileg. Aber es fehlte ihm noch völlig an aufbauenden und praktischen Ideen, die notwendig gewesen wären, um auf den Ruinen des bürgerlichen Systems ein neues System zu errichten: das der Gerechtigkeit des Volkes. Die Arbeiter, die im Juni für die Emanzipation des Volkes kämpften, waren durch ihren Instinkt, nicht durch ihre Ideen vereint – und die verworrenen Ideen, die sie hatten, bildeten ein babylonisches Wirrwarr, aus dem nichts hervorgehen konnte. Das war der Hauptgrund für ihre Niederlage. Muß man deshalb an der Zukunft und der vorhandenen Kraft des Sozialismus zweifeln? Das Christentum, das sich die Begründung des Reichs der himmlischen Gerechtigkeit zum Ziel gesetzt hatte, brauchte mehrere Jahrhunderte, um sich in Europa durchzusetzen. Ist es demnach verwunderlich, daß der Sozialismus, der sich eine weit schwierigere Aufgabe gestellt hat, nämlich die des Reichs der Gerechtigkeit auf Erden, nicht innerhalb weniger Jahre triumphiert hat?

Meine Herren, ist es nötig zu beweisen, daß der Sozialismus nicht tot ist? Um sich dessen zu vergewissern, genügt es, einen Blick auf das zu werfen, was heute in ganz Europa vor sich geht. Hinter all dem Diplomatengeschwätz und all dem Kriegslärm, der Europa seit 1852 erfüllt – welche ernstzunehmende Frage hat sich in allen Ländern gestellt, wenn nicht die soziale Frage? Sie ist die große Unbekannte, deren Nahen jeder spürt, die jeden erzittern läßt und von der niemand zu sprechen wagt …

Aber sie spricht für sich selbst und das immer lauter: Die Arbeitergenossenschaften, die Versicherungskassen und Kreditgenossenschaften, die Gewerkschaften und die internationale Liga der Arbeiter aller Länder,[34] diese ganze aufstrebende Bewegung der Arbeiter in England, Frankreich, Belgien, Deutschland, Italien und der Schweiz – beweist sie nicht, daß sie weder ihr Ziel aufgegeben, noch den Glauben an ihre baldige Emanzipation verloren haben und daß sie gleichzeitig verstanden haben, daß sie, um sich die Stunde ihrer Befreiung näherzubringen, nicht mehr auf die Staaten zählen dürfen und auch nicht auf den immer mehr oder weniger heuchlerischen Beistand der privilegierten Klassen – sondern nur auf sich selbst und ihre vollkommen unabhängigen und selbstorganisierten Vereinigungen?

In den meisten Ländern Europas weist diese Bewegung, die zumindest dem Anschein nach nichts mit Politik zu schaffen hat, immer noch einen rein ökonomischen, sozusagen privaten Charakter auf. Aber in England hat sie kurzerhand den Schritt auf das heiße Pflaster der Politik gewagt und, in einer vorzüglichen Organisation, der *Reform League*, zusammengeschlossen, bereits einen großen Sieg über die politisch organisierten Privilegien von Aristokratie und Großbürgertum errungen.[35] Mit einem typisch englischen Sinn für Geduld und praktisches Vorgehen hat die *Reform League* sich einen Schlachtplan zurechtgelegt, sie läßt sich durch nichts entmutigen, von keinem Hindernis abschrecken oder aufhalten. »Spätestens in zehn Jahren«, sagen sie, »wenn wir von den widrigsten Umständen ausgehen, werden wir das allgemeine Wahlrecht haben und dann ... «, dann werden sie die soziale Revolution machen!

In Frankreich wie in Deutschland hat der Sozialismus, während er auf dem Wege seiner privaten ökonomischen Vereinigungen klammheimlich voranschreitet, bereits ein so hohes Maß an Stärke innerhalb der arbeitenden Klassen erlangt, daß Napoleon III. auf der einen Seite und der Graf Bismarck auf der anderen bereits versuchen, ihn zu ihrem Verbündeten zu machen ... Bald wird in Italien und Spanien, nach dem kläglichen Fiasko aller politischen Parteien und angesichts des schrecklichen Elends, das in beiden Ländern herrscht, jede andere Frage in der politischen und sozialen Frage aufgehen. Und in Rußland und Polen, gibt es dort eigentlich eine andere Frage? Sie hat die letzten Hoffnungen auf das alte, das historische Polen des Feudaladels zunichte gemacht. Und sie bedroht dieses schreckliche Reich aller Reußen, das bereits stark erschüttert ist, in seiner Existenz und wird ihm ein Ende bereiten. Ist nicht sogar in Amerika der Sozialismus vollständig zum Durchbruch gelangt mit dem Vorschlag eines bedeutenden Mannes, Charles Sumner,[36] Senator von Boston, Land an die befreiten Negersklaven der Südstaaten zu verteilen?

Sie sehen, meine Herrn, der Sozialismus ist überall, und trotz der Niederlage im Juni [1848] ist es ihm gelungen, durch seine Arbeit im Untergrund, die ihn langsam in die Tiefen des politischen Lebens aller Länder hat vordringen lassen, sich überall bemerkbar zu machen, als die heimliche Macht des Jahrhunderts. Noch einige Jahre, und er wird sich als eine ungeheure, handelnde Kraft offenbaren.

Bis auf sehr wenige Ausnahmen sind heute alle Völker Europas sozialistisch, manche ohne das Wort Sozialismus je gehört zu haben. Sie folgen keiner anderen Fahne als jener, die ihnen ihre vor allen Dingen ökonomische Befreiung ankündigt, und würden tausendmal lieber von jeder anderen Frage ablassen als von dieser. Folglich wird man sie nur durch den Sozialismus dazu bringen können, Politik zu machen, und gute Politik.

Erklärt das nicht zu Genüge, meine Herren, warum wir uns nicht erlauben können, in unserem Programm vom Sozialismus abzusehen, und warum wir nicht auf ihn verzichten können, ohne unser gesamtes Werk zur Wirkungslosigkeit zur verdammen? Durch unser Programm, in dem wir uns als föderalistische Republikaner bekennen, haben wir uns schon revolutionär genug gezeigt, um einen Gutteil der Bourgeoisie von uns fern zu halten: nämlich den, der auf das Elend und das Unglück der Völker spekuliert und noch aus den großen Katastrophen, von denen die Nationen heute mehr denn je heimgesucht werden, seinen Gewinn zieht. Wenn wir diese rege, geschäftige, intrigante, spekulierende Fraktion beiseite lassen, bleibt die Mehrheit der ruhigen, fleißigen Bourgeois, die manchmal Böses tun, aber eher aus Notwendigkeit denn aus Absicht oder zum Vergnügen, und die sich nichts sehnlicher wünschen würden, als von jenem Verhängnis befreit zu werden, das sie der ständigen Feindseligkeit der arbeitenden Bevölkerung aussetzt und sie gleichzeitig zugrunde richtet. Man muß ganz klar sehen, daß das Kleinbürgertum, der Kleinhandel und die Kleinindustrie heute schon fast genauso zu leiden haben wie die arbeitenden Klassen, und wenn die Dinge so weitergehen wie bisher, könnte diese Mehrheit ehrbarer Bürger aufgrund ihrer ökonomischen Lage bald im Proletariat aufgehen. Der Großhandel, die Großindustrie und vor allem die große, betrügerische Spekulation verdrängen und ruinieren sie, stürzen sie in den Abgrund. Die Lage des Kleinbürgertums wird also immer revolutionärer, und seine Ideen, die allzu lange reaktionär waren, werden, aufgrund schlimmer Erfahrungen mittlerweile eines Besseren belehrt, zwangsläufig die entgegengesetzte Richtung einschlagen müssen. Die Weitsichtigsten fangen an zu verstehen, daß dem ehrbaren Bürgertum kein anderer Ausweg bleibt als im Bündnis mit dem Volk – und daß die soziale Frage auch die seine ist und es auf die *gleiche Weise* betrifft wie das Volk.

Der allmähliche Gesinnungswandel des Kleinbürgertums in Europa ist eine ebenso beruhigende wie unbestreitbare Tatsache. Aber wir dürfen uns keiner Täuschung hingeben: Die Initiative zur neuen Entwicklung wird nicht von ihm ausgehen, sondern vom Volk. Im Westen: von den Arbeitern der Fabriken und der Städte; bei uns, in Rußland, in Polen und in den meisten slawischen Ländern: von den Bauern. Das Kleinbürgertum ist zu ängstlich, zu zaghaft, zu skeptisch geworden, um irgendeine Initiative zu ergreifen. Es wird sich wohl mitreißen lassen, aber selbst niemanden mitreißen; denn es ist nicht nur arm an Ideen, es fehlt ihm zugleich an Glauben und Leidenschaft. Jene Leidenschaft, die alle Hindernisse beseitigt und neue Welten schafft, findet sich ausschließlich im Volk. Die Initiative zur neuen Bewegung wird also unbestreitbar vom Volk ausgehen. Und wir sollen das Volk außer Acht lassen! Und wir sollen nicht über den Sozialismus sprechen, der die neue Religion des Volkes ist!

Aber der Sozialismus, wird behauptet, neige dazu, ein Bündnis mit dem Cäsarismus einzugehen. Das ist zunächst einmal eine Verleumdung. Es ist im Gegenteil der Cäsarismus, der, weil er die bedrohliche Macht des Sozialismus am Horizont herandämmern sieht, dessen Sympathien zu gewinnen versucht, um sie für seine Zwecke auszunutzen. Aber ist das für uns nicht ein Grund mehr, uns des Sozialismus anzunehmen, um jenes ungeheuerliche Bündnis zu verhindern, das zweifellos das größte Unheil wäre, das der Freiheit der Welt drohen könnte?

Wir müssen uns seiner sogar ohne Rücksicht auf alle praktischen Erwägungen annehmen, denn der Sozialismus ist die *Gerechtigkeit*. Wenn wir von Gerechtigkeit sprechen, dann meinen wir damit nicht die der Gesetzbücher oder der Grundsätze des römischen Recht, die sich zumeist auf durch Gewaltakte geschaffene Tatsachen gründen, die sich mit der Zeit durchgesetzt haben und, mit dem Segen irgendeiner, christlichen oder heidnischen, Religion versehen, zu absoluten Prinzipien geworden sind, von denen sich alles übrige in streng logischer Weise ableitet.* Wir sprechen von der Gerechtigkeit, die sich einzig und allein auf das Gewissen der Menschen gründet, die Sie im Gewissen jedes Menschen finden werden, selbst in dem des Kindes, und die sich einfach und exakt ausdrückt.

Diese Gerechtigkeit, die so allgemeingültig ist und sich dennoch, weil die Gewalt und die Einflüsse der Religion die Oberhand behielten, niemals hat durchsetzen können weder in der

* In dieser Hinsicht weist die Rechtswissenschaft eine starke Ähnlichkeit mit der Theologie auf; beide Wissenschaften gehen gleichermaßen, die eine von einer realen, aber ungerechten Tatsache: der gewaltsamen Aneignung, der Eroberung; die andere von einer trügerischen und widersinnigen Tatsache: der göttlichen Offenbarung als von einem absoluten Prinzip aus, und auf der Grundlage dieses Widersinns oder dieser Ungerechtigkeit wenden beide die strengste Logik an, um hier ein theologisches, dort ein juristisches System zu errichten.

Politik noch in der Justiz noch in der Ökonomie, muß der neuen Welt als Grundlage dienen. Ohne sie keine Freiheit, keine Republik, kein Wohlstand, kein Frieden! Sie muß folglich der Leitgedanke all unserer Beschlüsse sein, damit wir in wirksamer Weise zur Einführung des Friedens beitragen können.

Diese Gerechtigkeit gebietet uns, die Sache des bisher so schrecklich mißhandelten Volkes in unsere Hände zu nehmen und um seinetwillen mit der politischen Freiheit die ökonomische und soziale Emanzipation zu fordern.

Meine Herren, wir schlagen Ihnen kein bestimmtes sozialistisches System vor. Worum wir Sie bitten, ist, jenen erhabenen Grundsatz der Französischen Revolution zu bekräftigen: daß jeder Mensch die materiellen und geistigen Mittel haben muß, um seine ganze Menschlichkeit zu entfalten, ein Grundsatz, der sich unserer Meinung nach in folgende Aufgabe übersetzen läßt:

Die Gesellschaft dergestalt einzurichten, daß jedes Individuum, ob Mann oder Frau, bei seiner Geburt in etwa gleiche Mittel zur Entfaltung seiner verschiedenen Fähigkeiten und zu ihrer Anwendung durch seine Arbeit vorfindet. Eine Gesellschaft einzurichten, die jedem, ohne Ansehen der Person, die Ausbeutung der Arbeit anderer unmöglich macht, indem sie jedem nur insofern am Genuß der gesellschaftlichen Reichtümer teilhaben läßt, die ja genau betrachtet immer das Produkt von Arbeit sind, als er selbst in direkter Weise durch seine Arbeit zu deren Erzeugung beigetragen hat.

Die vollständige Verwirklichung dieser Aufgabe wird natürlich Jahrhunderte in Anspruch nehmen. Aber die Geschichte hat sie gestellt, und wir werden uns ihrer nicht mehr entziehen können, ohne uns selbst zu vollständiger Wirkungslosigkeit zu verdammen.

Wir möchten sofort hinzufügen, daß wir uns jedem Versuch einer gesellschaftlichen Organisation energisch widersetzen, der, im Gegensatz zur vollständigsten Freiheit der einzelnen wie der Vereinigungen, die Einführung einer autoritären Verordnungsmacht, gleich welcher Art, anstrebt, und daß wir im Namen dieser Freiheit, die wir als einzige Grundlage und als einzige rechtmäßige Urheberin jeglicher politischer wie ökonomischer Organisation anerkennen, stets Einspruch erheben werden gegen alles, was in irgendeiner Weise dem Kommunismus oder dem Staatssozialismus ähnlich sieht.

Das einzige, was unserer Meinung nach dem Staat zu tun bliebe, wäre die allmähliche Änderung des Erbrechts, um baldmöglichst zu dessen vollständiger Abschaffung zu gelangen. Da das Erbrecht als reine Ausgeburt des Staates eine der wesentlichen Voraussetzungen für die Existenz des autoritären Staates von Gottes Gnaden ist, kann und muß es durch die Freiheit im Staat abgeschafft werden – was nichts anderes besagt, als daß der Staat sich selbst in der nach Maßgabe der Gerechtigkeit frei organisierten Gesellschaft auflösen muß. Dieses Recht muß unserer Meinung nach unbedingt abgeschafft werden, denn solange das *Erbe* fortbesteht, wird es auch *erbliche* ökonomische Ungleichheit geben, keine natürliche Ungleichheit der Individuen, sondern die künstliche Ungleichheit der Klassen. Und diese wird sich zwangsläufig in der erblichen Ungleichheit der Entwicklung und Ausbildung des Verstandes äußern und ständige Quelle und Rechtfertigung aller politischen und sozialen Ungleichheiten sein. Die Gleichheit des Ausgangspunktes zu Beginn des Lebens für jeden herzustellen, vorausgesetzt diese Gleichheit hängt von der ökonomischen und sozialen Ordnung der Gesellschaft ab, so daß jeder, wenn man von unterschiedlichen Veranlagungen absieht, buchstäblich nur seines eigenen Glückes Schmied ist – das ist die Aufgabe der Gerechtigkeit. Wir meinen, daß allein dem öffentlichen Budget für Bildung und Erziehung aller Kinder beiderlei Geschlechts, einschließlich ihres Unterhalts von der Geburt bis zur Volljährigkeit, das Erbe aller Verstorbenen zufließen sollte. Als Slawen und Russen fügen wir hinzu, daß bei uns die gemeinschaftliche, auf den allgemeinen Sinn für Tradition in der Bevölkerung begründete Überzeugung vorherrscht, daß das Land, als Eigentum des ganzen Volkes, nur denen gehören darf, die es aus eigener Kraft bebauen.

Wir sind davon überzeugt, meine Herren, daß dieses Prinzip gerecht und eine wesentliche und unerläßliche Bedingung jeder ernstzunehmenden gesellschaftlichen Reform ist und daß folglich auch Westeuropa nicht wird umhin können, es anzuerkennen und zu übernehmen, trotz aller Schwierigkeiten, auf die seine Durchführung in manchen Ländern, wie zum Beispiel in Frankreich, stoßen wird, wo die Mehrheit der Bauern bereits im Besitz von Land ist, wo aber andererseits der Großteil eben dieser Bauern bald nichts mehr besitzen wird wegen der Parzellierung, die die unvermeidliche Folge des heute in diesem Land vorherrschenden politischen und wirtschaftlichen Systems ist. Wir machen diesbezüglich keinerlei Vorschlag, wie wir uns allgemein jeden Vorschlags enthalten werden, der sich auf dieses oder jenes Problem der Gesellschaftswissenschaft oder -politik bezieht, da wir überzeugt sind, daß all diese Fragen in unserer Zeitung Gegenstand einer ernsthaften und gründlichen Diskussion werden müssen.

Wir werden uns deshalb heute darauf beschränken, Ihnen folgende Erklärung vorzuschlagen:

»In der Überzeugung, daß die wirkliche Durchsetzung von Freiheit, Gerechtigkeit und Frieden auf der Welt unmöglich ist, solange der großen Mehrheit der Bevölkerung jeglicher Besitz und jegliche Bildung vorenthalten wird und sie zu sozialer und politischer Bedeutungslosigkeit sowie faktisch, wenn auch nicht im juristischen Sinne, zur Sklaverei verdammt bleibt durch das Elend, in dem sie sich befindet, wie durch die Notwendigkeit, ohne Rast und Ruhe zu arbeiten, um all die Reichtümer zu erzeugen, derer die Welt sich heute rühmt, und davon nur einen so kleinen Teil für sich zu behalten, daß er kaum ausreicht, um ihr das Brot für den nächsten Tag zu sichern;

In der Überzeugung, daß für die Bevölkerung, die bisher über die Jahrhunderte hinweg so schmählich mißhandelt wurde, die Frage des Brotes gleichbedeutend ist mit der Emanzipation des Geistes, der Freiheit und der Menschlichkeit;

Daß Freiheit ohne Sozialismus Privilegienwirtschaft und Ungerechtigkeit bedeutet; und daß Sozialismus ohne Freiheit Sklaverei und Brutalität ist;

Spricht sich die Liga klar und unmißverständlich für die Notwendigkeit einer grundlegenden sozialen und ökonomischen Reform aus, die das Ziel hat, die Arbeit des Volkes vom Joch des Kapitals und der Eigentümer zu befreien, und sich auf die Gerechtigkeit im eigentlichen Sinne, nicht die juristische, theologische oder metaphysische, sondern schlicht und einfach menschliche Gerechtigkeit, auf die positive Wissenschaft und auf die absolute Freiheit gründet.

Gleichzeitig beschließt sie, daß die Spalten ihrer Zeitung allen ernsthaften Diskussionen ökonomischer und sozialer Fragen weit offen stehen, sofern diese vom aufrichtigen Wunsch getragen sind, die umfassende Emanzipation des Volkes, sowohl in materieller, als auch in politischer und geistiger Hinsicht zu befördern.«

Meine Herren, nachdem wir Ihnen nun unsere Ideen über den *Föderalismus* und den *Sozialismus* vorgetragen haben, halten wir es für unsere Pflicht, mit Ihnen über eine dritte Frage zu sprechen, von der wir meinen, daß sie aufs engste mit den beiden anderen verknüpft ist, nämlich die *Frage der Religion*, und wir bitten Sie, uns zu gestatten, all unsere diesbezüglichen Ideen in einem einzigen Wort zusammenzufassen, das Ihnen vielleicht barbarisch erscheinen wird:

III
ANTITHEOLOGISMUS

Meine Herren, wir sind überzeugt, daß noch keine große politische und soziale Umwälzung in der Welt vonstatten gegangen ist, ohne daß sie durch eine vergleichbare Bewegung im Bereich der philosophischen und religiösen Ideen, die das Bewußtsein der Individuen wie der Gesellschaft bestimmen, begleitet und häufig vorweggenommen worden wäre.

Alle Religionen mit ihren Göttern sind nie etwas anderes gewesen als ein Phantasieprodukt der gläubigen Einfalt des Menschen, der sich noch nicht auf der Höhe der reinen Reflexion und des durch Wissenschaft angeleiteten freien Denkens befand. Und der Religionshimmel ist nur eine Luftspiegelung gewesen, in der der Mensch, in seinem Glaubensüberschwang, lange Zeit sein Ebenbild wiedererkannt hat, jedoch vergrößert und auf dem Kopf stehend, das heißt *vergöttlicht.*

Die Geschichte der Religionen, also der Größe und des Verfalls der aufeinander folgenden Götter, ist also nichts als die Geschichte der Entwicklung der Intelligenz und des Kollektivbewußtseins der Menschen. Immer wenn sie, sei es in ihrem Innern, sei es in der äußeren Welt, irgendeine Kraft, eine besondere Fähigkeit oder Eigenschaft entdeckten, schrieben sie sie ihren Göttern zu, nachdem sie sie in einem Akt religiöser Schwärmerei ins Maßlose vergrößert hatten, wie das bei Kindern üblich ist. Dank dieser Genügsamkeit und Großzügigkeit der Menschen konnte sich der Himmel an den Erträgen der Erde gütlich tun, und die natürliche Folge war, daß je reicher der Himmel sich darstellte, die Menschheit um so mehr verarmte. War die Gottheit erst einmal eingesetzt, wurde sie von selbst zur Herrscherin, Quelle, Spenderin aller Dinge: Die reale Welt war nichts mehr, außer durch sie, und der Mensch, der vergaß, daß er sie geschaffen hatte, kniete vor ihr nieder und erklärte sich zu ihrem Geschöpf, ihrem Sklaven.

Das Christentum ist gerade deshalb die Religion *par excellence*, weil es die Natur und das Wesen jeder Religion offenbart und ausdrückt, nämlich: die systematische und absolute Verarmung, Demütigung und Knechtung der Menschheit zugunsten der Gottheit – das oberste Prinzip jeder Religion, aber auch jeder, sei es theistischen oder gar pantheistischen Metaphysik. Da Gott alles ist, sind die wirkliche Welt und der Mensch nichts. Da Gott die Wahrheit, die Gerechtigkeit und das ewige Leben ist, ist der Mensch die Lüge, die Ungerechtigkeit und der Tod. Da Gott der Herr ist, ist der Mensch der Sklave. Unfähig, von allein den Weg der Gerechtigkeit und der Wahrheit zu finden, muß er sie als Offenbarung von oben empfangen, durch Vermittlung von Abgesandten oder Auserwählten der göttlichen Gnade. Wer von Offenbarung spricht, sagt Offenbarer, sagt Propheten, Priester. Und sind sie einmal als Vertreter der Gottheit auf Erden anerkannt, als Lehrmeister und Vorbereiter der Menschheit auf das ewige Leben, fällt ihnen schon von daher die Aufgabe zu, auch hier, im Diesseits, die Menschen zu führen, zu regieren und zu befehligen. Alle Menschen schulden ihnen absoluten Glauben und Gehorsam. Als Sklaven Gottes, müssen sie auch die der Kirche sein, und des Staates, insofern dieser den Segen der Kirche hat. Von allen vergangenen oder noch bestehenden Religionen, hat das Christentum dies als einzige vollkommen verstanden und – unter allen christlichen Sekten – der römische Katholizismus dies als einziger mit strenger Konsequenz verkündet und verwirklicht. Deshalb ist das Christentum die absolute, die letzte Religion, und deshalb ist die römisch-katholische Kirche die einzig konsequente, rechtmäßige und göttliche.

Ob es nun all den Pseudo-Philosophen, all den sogenannten Religionsdenkern gefällt oder nicht: *Die Existenz Gottes setzt die Abdankung der menschlichen Vernunft und Gerechtigkeit voraus, sie ist die Verleugnung der menschlichen Freiheit und führt zwangsläufig zu einer nicht bloß theoretischen, sondern praktischen Sklaverei.*

Wenn wir keine Sklaverei wollen, dann können und dürfen wir der Theologie nicht das geringste Zugeständnis machen, denn wer in diesem mystischen, aber streng systematischen Alphabet mit A beginnt, wird unweigerlich bis Z durchbuchstabieren müssen, und wer Gott anbeten will, muß auf seine Freiheit und Menschenwürde verzichten:

Wenn Gott existiert, ist der Mensch ein Sklave. Ist der Mensch dagegen intelligent, gerecht, frei – existiert Gott nicht.

Wir wetten, daß keiner, egal wer, in der Lage ist, diesem Dilemma zu entgehen, hier gilt es also sich zu entscheiden.

Im übrigen wissen wir aus der Geschichte, daß die Priester aller Religionen Verbündete der Tyrannei gewesen sind, mit Ausnahme der Priester verfolgter Kirchen. Und selbst diese Priester haben die Mächte, die sie unterdrückten, zwar bekämpft und verflucht, gleichzeitig aber ihre eigenen Gläubigen diszipliniert und dadurch immer wieder den Grundstein für eine neue Tyrannei gelegt. Die geistige Versklavung, welcher Art sie auch sei, wird immer mit natürlicher Konsequenz zur politischen und sozialen Versklavung führen. Heute stellt das Christentum in all seinen Erscheinungen, zusammen mit der aus ihm hervorgegangenen doktrinären Metaphysik des Deismus,[37] die im Grunde nur eine verschleierte Theologie ist, ohne den geringsten Zweifel das größte Hindernis für die Emanzipation der Gesellschaft dar. Und der Beweis ist, daß alle Regierungen, alle Staatsmänner Europas, die selbst weder Metaphysiker noch Theologen noch Deisten sind und im Grunde ihres Herzen weder an Gott noch an den Teufel glauben, mit Leidenschaft, ja geradezu mit Besessenheit die Metaphysik und die Religion fördern, ganz egal welche Religion, Hauptsache, sie predigt Geduld, Entsagung und Unterwürfigkeit, was im übrigen alle tun.

Die Entschiedenheit, mit der diese verteidigt wird, beweist uns, wie notwendig es für uns ist, sie zu bekämpfen und zu zerstören.

Ist es nötig, meine Herren, Sie daran zu erinnern, wie stark sich die Einflüsse der Religionen auf den Niedergang und moralischen Verfall der Völker auswirken? Sie töten in ihnen die Vernunft ab, das Hauptinstrument der menschlichen Emanzipation, und verdammen sie zur Schwachsinnigkeit, der wesentlichen Grundlage aller Sklaverei, indem sie ihren Geist mit göttlichen Hirngespinsten füllen. Sie töten in ihnen den Drang zur Arbeit ab, die ihr Stolz und ihr Segen ist: Denn die Arbeit ist der Akt, durch den der Mensch zum Schöpfer wird und sich seine Welt, die Grundlagen und Bedingungen seiner menschlichen Existenz, erschafft, und sich gleichzeitig seine Freiheit und seine Menschlichkeit erwirbt. Die Religion tötet in ihnen diese Schaffenskraft ab, indem sie ihnen angesichts der himmlischen Glückseligkeit Verachtung für das irdische Leben einflößt, ihnen die Arbeit als einen Fluch oder eine verdiente Strafe erscheinen läßt und die Untätigkeit als ein göttliches Privileg. Sie tötet in ihnen die Gerechtigkeit ab, diese strenge Hüterin der Brüderlichkeit und unerläßliche Bedingung des Friedens, indem sie stets zugunsten der Stärksten entscheidet, die die bevorzugten Empfänger der Fürsorglichkeit, der Gnade und des göttlichen Segens sind. Schließlich tötet sie in ihnen die Menschlichkeit ab und ersetzt sie in ihrem Herzen durch die göttliche Grausamkeit.

Jede Religion ist auf Blut gegründet, denn wie man weiß beruhen alle ihrem Wesen nach auf dem Gedanken des Opfers, das heißt, der dauernden Abschlachtung der Menschheit, um die unersättliche Rache der Gottheit zu stillen. In diesem blutigen Mysterium ist der Mensch stets das Opfer, und der Priester, ein Mensch auch er, aber ein durch die Gnade auserwählter Mensch, ist der göttliche Henker. Das erklärt uns, warum die Priester aller Religionen, selbst der besten, der menschlichsten, der sanftmütigsten, fast immer im Grunde ihres Herzen, und wenn nicht im Herzen, dann in ihrem Geist oder ihrer Phantasie – und es ist bekannt, welchen Einfluß beide auf das Herz ausüben – etwas Grausames und Blutrünstiges haben: und warum, als überall die Frage der Abschaffung der Todesstrafe erörtert wurde, sich römisch-katholische, griechisch- und russisch-orthodoxe und protestantische Priester, alle ohne Unterschied, für deren Beibehaltung ausgesprochen haben!

Die christliche Religion ist wie keine andere auf Blut gegründet und, geschichtlich betrachtet, in Blut getauft. Man zähle die Millionen Opfer, die diese Religion der Liebe und der Vergebung der grausamen Rache ihres Gottes dargebracht hat. Und man erinnere sich der Folterqualen, die sie erfunden und anderen zugefügt hat. Ist sie heute sanftmütiger und menschlicher geworden? Nein, durch Gleichgültigkeit und Skeptizismus erschüttert, ist sie lediglich ohnmächtig geworden, oder vielmehr weniger mächtig, denn an der Macht, Schaden anzurichten, mangelt es ihr leider selbst heute noch nicht. Und betrachten Sie nur die Länder, in denen sie, aufgepeitscht durch reaktionäre Leidenschaften, zu neuem Leben zu erwachen scheint: Lautet nicht stets ihr erstes Wort Rache und Blut, ihr zweites Wort Abdankung der menschlichen Vernunft und ihre Schlußfolgerung Sklaverei? Solange das Christentum und die christlichen Priester, solange irgendeine göttliche Religion nur noch den geringsten Einfluß auf die Volksmassen ausüben, werden Freiheit, Menschlichkeit und Gerechtigkeit auf Erden nicht den Sieg davontragen. Denn solange die Volksmassen in religiösem Aberglauben befangen bleiben, werden sie stets das Werkzeug all der Despotismen sein, die sich gegen die Emanzipation der Menschheit verschworen haben.

Uns ist also viel daran gelegen, die Massen vom religiösen Aberglauben zu befreien, nicht nur aus Liebe zu ihnen, sondern auch aus Liebe zu uns selbst, um unsere Freiheit und Sicherheit zu bewahren. Aber wir können dieses Ziel nur durch zwei Mittel erreichen: die *rationale Wissenschaft* und die *Propaganda für den Sozialismus.*

Unter *rationaler Wissenschaft* verstehen wir jene Wissenschaft, die sich von allen Gespenstern der Metaphysik und der Religion befreit hat und sich von den rein experimentellen und kritischen Wissenschaften darin unterscheidet, daß sie sich zum einen nicht darauf beschränkt, dieses oder jenes bestimmte Objekt zu erforschen, sondern sich bemüht, das Universum in seiner Gesamtheit zu erfassen, insofern es bekannt ist, denn mit dem Unbekannten hat sie nichts zu schaffen. Und zum anderen, daß sie sich nicht, wie die oben erwähnten Wissenschaften, einzig und ausschließlich der analytischen Methode bedient, sondern sich auch gestattet, auf die Synthese zurückzugreifen, gelegentlich von Analogie und Deduktion Gebrauch zu machen, aber stets darauf bedacht ist, diesen Synthesen nur einen hypothetischen Wert beizumessen, solange sie nicht durch die rigoroseste experimentelle oder kritische Analyse vollständig bestätigt sind.

Die Hypothesen der rationalen Wissenschaft unterscheiden sich insofern von denen der Metaphysik, als letztere die ihrigen als logische Konsequenzen aus einem absoluten System ableitet und bestrebt ist, sie der Natur aufzuzwingen. Demgegenüber können die Hypothesen der rationalen Wissenschaft, die nicht einem transzendenten System entstammen, sondern einer Synthese, die selbst nur die Zusammenfassung oder der allgemeine Ausdruck einer Anzahl experimentell bewiesener Tatsachen ist, niemals dieses Kategorische und Verbindliche haben, weil sie im Gegenteil stets so gehalten sind, daß sie jederzeit zurückgezogen werden können, wenn sie durch neue Experimente widerlegt werden.

Die rationale Philosophie oder universelle Wissenschaft geht nicht in aristokratischer oder autoritärer Weise vor wie die von uns gegangene Metaphysik. Letztere, die stets mittels Deduktion und Synthese von oben nach unten verfuhr, behauptete zwar, die Autonomie und Freiheit der Einzelwissenschaften ebenfalls zu berücksichtigen, legte ihnen jedoch in Wirklichkeit schreckliche Fesseln an, was soweit ging, daß sie ihnen Gesetze und sogar Tatsachen vorschrieb, die häufig in der Natur unmöglich aufzufinden waren, und sie daran hinderte, Experimente durchzuführen, deren Resultate all ihre Spekulationen hätten zunichte machen können. Wie ersichtlich, handelte die Metaphysik nach der Methode zentralisierter Staaten.

Die rationale Philosophie hingegen ist eine vollkommen demokratische Wissenschaft. Sie verfährt zwanglos von unten nach oben und gründet sich allein auf das Experiment. *Sie kann nichts gelten lassen, was nicht durch Experiment oder strengste Kritik wirklich analysiert und bestätigt worden ist.* Folglich sind Gott, das Unendliche, das Absolute, alle Lieblingsobjekte der Metaphysik, aus ihrem Bereich strikt verbannt. Sie wendet sich gleichgültig von ihnen ab und betrachtet sie allesamt als Trugbilder und Gespenster. Da jedoch Trugbilder und Gespenster einen wesentlichen Teil der Entwicklung des menschlichen Geistes ausmachen und der Mensch gewöhnlich erst dann zur Erkenntnis der einfachen Wahrheit gelangt, wenn er alle möglichen Illusionen erdacht und ausgeschöpft hat, und da die Entwicklung des menschlichen Geistes ein realer Gegenstand der Wissenschaft ist – weist die natürliche Philosophie ihnen ihren wahren Platz zu, indem sie sie allein vom Standpunkt der Geschichte aus betrachtet. Die rationale Philosophie bemüht sich, uns sowohl die physiologischen wie historischen Ursachen, die Entstehung, Aufstieg und Verfall religiöser und metaphysischer Ideen erklären, als auch ihre relative und vorübergehende Notwendigkeit für die Entwicklungsgeschichte des menschlichen Geistes aufzuzeigen. Auf diese Weise läßt sie ihnen all die Gerechtigkeit widerfahren, die sie beanspruchen können, um sich dann für immer von ihnen abzuwenden.

Ihr Gegenstand ist die reale und bekannte Welt. In den Augen des rationalen Philosophen gibt es nur *eine* Wirklichkeit auf der Welt und *eine* Wissenschaft. Folglich strebt er danach, alle Einzelwissenschaften zu einem einzigen Ordnungssystem zusammenzufassen. Diese Verbindung aller positiven Wissenschaften zu einem einzigen menschlichen Wissen bildet die *positive Philosophie* oder universelle Wissenschaft. Zugleich Erbin und absolute Negation der Religion und der Metaphysik, wurde diese Philosophie, von den edelsten Geistern schon lange erahnt und vorbereitet, zum ersten Mal von einem großen französischen Denker in ein umfassendes System gebracht, *Auguste Comte*, der mit geschickter und sicherer Hand den ersten Entwurf zeichnete.

Die Verbindung, die die positive Philosophie vornimmt, ist keineswegs eine bloße Aneinanderreihung, sondern eine Art organische Verknüpfung, durch welche man, angefangen mit der abstraktesten Wissenschaft, deren Gegenstand die Ordnung der elementarsten Tatsachen ist, die Mathematik, Stufe um Stufe emporsteigt zu den vergleichsweise konkreteren Wissenschaften, die immer komplexere Tatsachen zum Gegenstand haben. So gelangt man von der reinen Mathematik zur Mechanik, zur Astronomie, dann zur Physik, zur Chemie, zur Geologie und zur Biologie (einschließlich der Klassifizierung, der vergleichenden Anatomie und Physiologie zunächst der Pflanzen, dann des Tierreichs) und endet bei der Soziologie, die die gesamte Menschheitsgeschichte umfaßt, die Entwicklung des menschlichen Einzel- und Kollektivwesens im politischen, ökonomischen, gesellschaftlichen, religiösen, künstlerischen und wissenschaftlichen Leben. In der Aufeinanderfolge all dieser Wissenschaften, von der Mathematik bis einschließlich zur Soziologie, gibt es keine Unterbrechung. Eine einzige Wirklichkeit gibt es, ein einziges Wissen und im Grunde immer dieselbe Methode, die sich jedoch zwangsläufig in dem Maße kompliziert, wie die Tatsachen, mit denen sie zu tun hat, komplizierter werden. Jede folgende Wissenschaft stützt sich voll und ganz auf die vorherige und stellt sich, soweit das beim derzeitigen Stand unserer gesicherten Erkenntnisse möglich ist, als deren notwendige Fortführung dar.

Es ist erstaunlich festzustellen, daß die von Auguste Comte vorgenommene Ordnung der Wissenschaften nahezu die gleiche ist wie die der Enzyklopädie Hegels,[38] des größten Metaphysikers der Gegenwart und der Vergangenheit, dem das Glück und das Verdienst zukommt, die Entwicklung der spekulativen Philosophie auf ihren Gipfelpunkt geführt zu haben, so daß sie sich unter dem Eindruck ihrer eigenen Dialektik fortan nur noch selbst zerstören kann. Doch besteht zwischen Auguste Comte und Hegel ein gewaltiger Unterschied. Während letzterer, als wahrer Metaphysiker, die Materie und die Natur vergeistigte, indem er sie aus der Logik, das heißt dem Geist hervorgehen ließ, materialisierte Auguste Comte hingegen den Geist, indem er ihn allein auf die Materie gründete. Darin besteht sein unermeßliches Verdienst.

So hat etwa die Psychologie, diese so bedeutsame Wissenschaft, die die eigentliche Grundlage der Metaphysik bildete und die die spekulative Philosophie als eine nahezu absolute, ursprüngliche und jedem materiellen Einfluß entzogene Welt betrachtete, im System von Auguste Comte keine andere Grundlage mehr als die Physiologie und ist nichts anderes als deren Weiterentwicklung. Und was wir Intelligenz, Phantasie, Gedächtnis, Gefühl, Empfindung und Willen nennen, sind in unseren Augen nur noch die verschiedenen Fähigkeiten, Funktionen oder Tätigkeiten des menschlichen Körpers.

Unter diesem Gesichtspunkt betrachtet, erscheinen uns die menschliche Welt, ihre Entwicklung, ihre Geschichte – die wir bisher als Äußerung einer theologischen, metaphysischen und juristisch-politischen Idee angesehen haben und mit deren Erforschung wir heute neu beginnen müssen, indem wir die Natur als Ausgangspunkt und die Physiologie des Menschen als Richtschnur nehmen – in einem ganz neuen Licht, natürlicher, offener, menschlicher und aufschlußreicher im Hinblick auf die Zukunft.

So kündigt sich auf diesem Wege bereits der Durchbruch einer neuen Wissenschaft an: der *Soziologie* – das heißt, der Wissenschaft von den allgemeinen Gesetzen, die in allen Entwicklungen der menschlichen Gesellschaft wirksam sind. Sie wird das letzte Wort und die Krönung der positiven Philosophie sein. Die Geschichte und die Statistik beweisen uns, daß der Gesellschaftskörper wie jeder andere natürliche Körper in seinen Entwicklungen und Verwandlungen allgemeinen Gesetzen gehorcht, die uns alle ebenso notwendig erscheinen wie die der physischen Welt. Diese Gesetze aus vergangenen Ereignissen und aus der Masse gegenwärtiger Tatsachen hervortreten zu lassen, muß das Ziel dieser Wissenschaft sein. Abgesehen von der unermeßlichen Bedeutung, die sie schon jetzt für den Geist hat, verspricht sie uns einen großen praktischen Nutzen für die Zukunft. Denn ebenso wie wir die Natur nur in Kenntnis ihrer Gesetze beherrschen und gemäß unseren wachsenden Bedürfnissen umwandeln können, werden wir auch unsere Freiheit und unseren Wohlstand in der Gesellschaft nur fördern können, wenn wir die unveränderlichen Naturgesetze beachten, die sie regieren. Und sobald wir erkannt haben, daß der Abgrund, der nach Auffassung der Theologen und Metaphysiker den Geist von der Natur trennen soll, gar nicht existiert, müssen wir die menschliche Gesellschaft als einen Körper betrachten, der sicherlich viel komplexer als die anderen ist, aber ebenso natürlich und denselben Gesetzen unterworfen, sowie jenen, die ausschließlich für ihn gelten. Steht dies als Tatsache fest, wird verständlich, daß die Kenntnis und strikte Beachtung dieser Gesetze unumgänglich ist, damit die gesellschaftlichen Veränderungen, die wir vornehmen wollen, auch durchführbar sind.

Aber andererseits wissen wir, daß die Soziologie als Wissenschaft gerade erst entstanden und noch auf der Suche nach ihren Grundlagen ist, und wenn wir diese Wissenschaft, die schwierigste von allen, nach dem Beispiel der anderen beurteilen, müssen wir eingestehen, daß sie Jahrhunderte, ein Jahrhundert wenigstens, brauchen wird, um endgültig Gestalt anzunehmen und zu einer ernstzunehmenden, einigermaßen zufriedenstellenden und vollständigen Wissenschaft zu werden. Was also tun? Soll die leidende Menschheit, um sich von all den Nöten zu befreien, die sie bedrücken, noch ein Jahrhundert oder länger warten, bis die vollentwickelte positive Soziologie ihr verkünden wird, daß sie nunmehr endlich in der Lage sei, ihr die Hinweise und Anleitungen zu geben, die sie für ihre rationale Umgestaltung braucht?

Nein, tausendmal nein! Um noch einige Jahrhunderte zu warten, braucht man zunächst einmal Geduld ... einer alten Gewohnheit folgend, hätten wir fast gesagt, die Geduld der Deutschen, aber der Gedanke, daß in der Befolgung dieser Tugend andere Völker die Deutschen mittlerweile überflügelt haben, hat uns davon abgehalten. Und außerdem, selbst angenommen, wir hätten die Möglichkeit und die Geduld zu warten, was wäre eine Gesellschaft, die uns nichts zu bieten hätte, als die praktische Umsetzung und Anwendung einer Wissenschaft, selbst wenn es die höchstentwickelte und vollkommenste Wissenschaft der Welt wäre? Eine Schande! Stellen Sie sich ein Universum vor, das nichts enthielte als das, was der menschliche Geist bisher wahrgenommen, erkannt und begriffen hat – wäre das nicht eine schäbige Behausung im Vergleich zum bestehenden Universum?

Wir sind voller Hochachtung für die Wissenschaft und betrachten sie als eine der größten Kostbarkeiten, eine der glänzendsten Errungenschaften der Menschheit. Durch sie unterscheidet der Mensch sich vom Tier, heute der kleine Bruder des Menschen, früher sein Vorfahr, und wird zur Freiheit fähig. Doch ist es notwendig, auch die Grenzen der Wissenschaft zu erkennen und sie daran zu erinnern, daß sie nicht alles, daß sie nur Teil eines Ganzen ist, das Leben heißt: des universellen Lebens der Welten, oder, um uns nicht im Unbekannten und Unbestimmten zu verlieren: unseres Sonnensystems oder auch nur unseres Erdballs, und um uns noch weiter einzuschränken: der Menschenwelt – der Bewegung, der Entwicklung, des Lebens der menschlichen Gesellschaft auf Erden. All das ist unendlich viel größer, weiter, tiefer, reicher als die Wissenschaft und wird durch sie niemals ausgeschöpft werden.

Das Leben, in diesem allumfassenden Sinne, ist keine Anwendung irgendeiner menschlichen oder göttlichen Theorie, es ist eine Schöpfung, hätten wir am liebsten gesagt, wenn wir nicht befürchten müßten, durch dieses Wort Anlaß zu einem Mißverständnis zu geben. Die Völker als Schöpfer ihrer eigenen Geschichte sind mit Künstlern vergleichbar. Haben aber die großen Dichter jemals darauf gewartet, daß die Wissenschaft die Gesetze der Dichtkunst entdeckt, bevor sie ihre Meisterwerke schufen? Hatten nicht Aischylos und Sophokles ihre herrlichen Tragödien längst geschrieben, als Aristoteles ihren Werken die erste Ästhetik entlehnte?[39] Hat sich Shakespeare jemals von irgendeiner Theorie leiten lassen, und hat nicht Beethoven durch die Schöpfung seiner Symphonien die Grundlagen des Kontrapunkts erweitert? Und was wäre ein nach den Regeln der schönsten Ästhetik der Welt erschaffenes Kunstwerk? Wiederum ein elendes Machwerk! Ebenso sind die Völker, die ihre eigene Geschichte erschaffen, wahrscheinlich nicht minder reich an Instinkten, von keiner geringeren Schöpferkraft und nicht mehr auf die Herrn Gelehrten angewiesen als die Künstler!

Wenn wir dennoch zögern, dieses Wort: Schöpfung zu gebrauchen, dann weil wir fürchten, daß man ihm eine Bedeutung beilegt, die wir unmöglich gelten lassen können. Wer Schöpfung sagt, scheint Schöpfer zu meinen, und wir schließen die Existenz eines einzigen Schöpfers sowohl für die menschliche als auch für die physische Welt aus, die in unseren Augen übrigens eine Einheit bilden. Selbst wenn wir von den Völkern als Schöpfern ihrer eigenen Geschichte sprechen, sind wir uns bewußt, daß wir eine irreführende Metapher, einen unpassenden Vergleich verwenden. Jedes Volk ist ein Kollektivwesen, das zweifellos besondere physio-psychologische als auch politisch-gesellschaftliche Eigenschaften besitzt, die es von anderen Völkern unterscheiden und es dadurch in gewisser Weise unverwechselbar machen. Aber es ist niemals ein Individuum, ein einziges und unteilbares Wesen, im eigentlichen Sinne des Wortes. Wie entwickelt sein Kollektivbewußtsein auch immer sein mag und welch gebündelte Form im Augenblick einer großen nationalen Krise die Leidenschaft oder das, was man die Ausrichtung des Volkswillens auf ein einziges Ziel nennt, auch annimmt, niemals wird diese Verdichtung die eines wirklichen Individuums erreichen. Kurzum, kein Volk, so einig es sich auch fühlt, wird jemals sagen können: Ich will! Es wird immer sagen müssen: Wir wollen. Nur das Individuum sagt gewöhnlich: Ich will! Und wenn Sie im Namen eines ganzen Volkes sagen hören: Es will!, können Sie sicher sein, daß irgendein Usurpator, Mann oder Partei, dahintersteckt.

Unter dem Wort Schöpfung verstehen wir also hier weder die theologische oder metaphysische noch die künstlerische, wissenschaftliche, industrielle oder sonstwie geartete Schöpfung, hinter der ein schöpferisches Individuum steht. Wir verstehen unter diesem Wort ganz einfach das unendlich komplexe Produkt einer Unzahl verschiedener, großer und kleiner, Ursachen, von denen einige bekannt sind, während der überwiegende Teil weiter unbekannt bleibt, und die sich zu einem bestimmten Zeitpunkt verbunden und, nicht ohne Grund, gewiß, aber ohne vorgezeichneten Plan und ohne die geringste Absicht eine Wirkung hervorgebracht haben.

Aber dann, wird man einwenden, würden die Geschichte und das Schicksal der menschlichen Gesellschaft ein einziges Chaos darstellen und wären nur noch ein Spielzeug des Zufalls? Ganz im Gegenteil, sobald die Geschichte von aller göttlichen und menschlichen Willkür befreit ist, dann, und erst dann, wird sie in der erhabenen Größe einer notwendigen und vernunftgemäßen Entwicklung vor unseren Augen erscheinen, ganz wie die organische und physische Natur, deren unmittelbare Fortsetzung sie ist. Diese letztere führt uns, trotz des unermeßlichen Reichtums und der Vielfalt an realen Wesen, aus denen sie besteht, keineswegs das Chaos vor, sondern im Gegenteil eine wunderbar geordnete Welt, in der jedes Teil sozusagen eine logisch notwendige Beziehung zu allen anderen unterhält. Aber, wird man sagen, hat es dann nicht einen Baumeister gegeben? Keineswegs, ein Baumeister, und wäre es ein Gott, hätte durch seine persönliche Willkür die natürliche Ordnung und die logische Entwicklung der Dinge nur behindern können, und wir haben gesehen, daß die Haupteigenschaft der Gottheit in allen Religionen gerade in ihrer Entrücktheit besteht, das heißt darin, daß sie mit aller Logik unvereinbar ist und stets nur eine einzige, ihr eigene Logik hat: die der natürlichen Unmöglichkeit oder der Absurdität.* Denn was ist die Logik, wenn nicht der natürliche Entwicklungsgang der Dinge oder der natürliche Prozeß, durch wel-

* Zu behaupten, Gott sei mit der Logik vereinbar, würde bedeuten, daß er mit ihr absolut identisch ist, daß er selbst nichts als Logik ist, das heißt der natürliche Lauf und die Entwicklung der realen Dinge, was heißt, daß Gott nicht existiert. Die Existenz Gottes kann folglich nur die Bedeutung einer Negation der Naturgesetze haben, woraus sich zwingend der folgende Doppelschluß ergibt: Gott existiert, folglich gibt es keine Naturgesetze, und die Welt ist ein Chaos. Die Welt ist kein Chaos, sie ist in sich geordnet, folglich existiert Gott nicht.

chen viele bestimmende Ursachen eine Wirkung hervorbringen. Folglich können wir dieses so schlichte und doch so entscheidende Axiom aufstellen: *Alles, was natürlich ist, ist logisch, und alles, was logisch ist, vollzieht sich in der wirklichen Welt oder muß sich in ihr vollziehen: in der eigentlichen Natur und in ihrer späteren Fortentwicklung – in der Naturgeschichte der menschlichen Gesellschaft.*

Es geht folglich um die Frage – was ist logisch, in der Natur ebenso wie in der Geschichte? Das ist nicht so leicht zu bestimmen, wie man auf den ersten Blick meinen könnte. Denn um hierin unfehlbar zu sein und niemals einem Irrtum zu unterliegen, müßte man Kenntnis haben von allen Ursachen, Einflüssen, Wirkungen und Gegenwirkungen, die die Natur einer Sache oder eines Geschehens bestimmen, ohne eine einzige zu vernachlässigen, und sei es die entfernteste und schwächste. Und welche Philosophie oder Wissenschaft könnte sich rühmen, sie jemals alle zu erfassen und einer erschöpfenden Analyse zu unterziehen? Man müßte schon arg schwach im Geiste sein oder sehr wenig Ahnung vom unendlichen Reichtum der wirklichen Welt haben, um dergleichen zu behaupten.

Muß man deshalb an der Wissenschaft zweifeln? Muß man sie verwerfen, weil sie uns nur gibt, was sie uns geben kann? Das wäre eine weitere Torheit und noch verhängnisvoller als die erste. Entsagt der Wissenschaft, und Ihr werdet, vom Licht der Erkenntnis verlassen, zum Zustand der Gorillas, unserer Vorfahren, zurückkehren, und wohl oder übel für einige weitere Jahrtausende den gleichen Weg noch einmal gehen, den die Menschheit durch das gespenstische Zwielicht der Religion und der Metaphysik zurückgelegt hat, um erneut zu jener zwar unvollkommenen, aber wenigstens gesicherten Erkenntnis zu gelangen, die wir schon heute besitzen.

Der größte und bedeutendste Erfolg, der der Wissenschaft in unseren Tagen gelungen ist, war, wie schon erwähnt, die Eingliederung der Psychologie in die Biologie; der Nachweis, daß alle geistigen und ethischen Handlungen, die den Menschen von allen anderen Lebewesen unterscheiden, das Denken, das Auftreten des menschlichen Verstandes und die Äußerungen eines bewußten Willens, ihre einzige Quelle in der zwar viel vollendeteren, aber gleichwohl rein materiellen Organisation des Menschen haben, ohne die geringste Spur einer geistigen oder nichtmateriellen Einwirkung; daß sie, mit einem Wort, Produkte des Zusammenspiels verschiedener, rein physiologischer Funktionen des Gehirns sind.

Diese Entdeckung ist bahnbrechend, sowohl was die Wissenschaft als auch was das Leben betrifft. Ihr verdanken wir, daß die Wissenschaft der Menschenwelt, einschließlich der Anthropologie, der Psychologie, der Logik, der Moral, der Sozialökonomie, der Politik, der Ästhetik, selbst der Theologie und der Metaphysik, der Geschichte, kurzum, der ganzen Soziologie, endlich möglich wird. Zwischen der Menschenwelt und der Natur gibt es keine Unterbrechung mehr. Doch wenn die organische Welt auch die ununterbrochene und direkte Weiterentwicklung der anorganischen Welt ist, so unterscheidet sie sich von dieser doch grundlegend durch das Hinzutreten eines neuen dynamischen Elements: der *organischen Materie*, die nicht durch die Einwirkung irgendeiner außerweltlichen Ursache, sondern durch uns bisher noch unbekannte Verbindungen der anorganischen Materie selbst entstanden ist und die ihrerseits auf der Grundlage und unter den Bedingungen dieser anorganischen Welt, deren Vollendung sie ist, alle Reichtümer des pflanzlichen und tierischen Lebens hervorbringt. Ebenso unterscheidet sich die Menschenwelt, die ihrerseits die unmittelbare Fortsetzung der organischen Welt ist, von dieser wesentlich durch ein neues Element: *das Denken*, das von der rein physiologischen Tätigkeit des Gehirns hervorgerufen wird und zugleich innerhalb dieser materiellen Welt und unter den organischen und anorganischen Bedingungen, deren Endsumme es gleichsam darstellt, all das erzeugt, was wir die geistige und moralische, politische und gesellschaftliche Entwicklung des Menschen nennen – die Geschichte der Menschheit.

Für die Menschen, die wirklich logisch denken und deren Intelligenz sie in die Lage versetzt, den derzeitigen Stand wissenschaftlicher Erkenntnis zu erfassen – ist diese Einheit der Welt oder der Wirklichkeit fortan eine feststehende Tatsache. Doch können wir unmöglich darüber hinwegsehen, daß diese Tatsache, die doch so einfach und offensichtlich ist, daß alles, was sich mit ihr nicht vereinbaren läßt, uns fortan als absurd erscheint, daß diese Tatsache sich in einem krassen Widerspruch zum allgemein verbreiteten Bewußtsein der Menschheit befindet, das, unter welchen Formen es sich in der Geschichte auch kundtat, sich immer und ausnahmslos für die Existenz zweier verschiedener Welten ausgesprochen hat: der geistigen Welt und der materiellen Welt, der göttlichen Welt und der realen Welt. Angefangen bei den dumpfen Fetischisten, die in der sie umgebenden Welt das Wirken einer übernatürlichen, in irgendeinem materiellen Gegenstand verkörperten Macht anbeteten, haben alle Völker an die Existenz irgendeiner Gottheit geglaubt und tun es noch.

Diese einhellige Überzeugung der Völker ist nach Meinung vieler Personen mehr wert als alle Beweisführungen der Wissenschaft. Und wenn die Logik einer kleinen Schar konsequenter, aber isolierter Denker dem widerspricht, dann, so sagen diese Personen, habe diese Logik eben Pech gehabt, denn die allgemeine Zustimmung, das umfassende Eintreten für eine Idee seien zu allen Zeiten als der überzeugendste Beweis für ihre Wahrheit betrachtet worden, und dies vollkommen zurecht, weil das Gefühl aller und zu allen Zeiten sich nicht täuschen könne. Es müsse seine Wurzel in einer Notwendigkeit haben, die wesenhaft zur Natur der Menschheit selbst gehört. Aber wenn es stimmt, daß der Mensch gemäß dieser Notwendigkeit ein absolutes Bedürfnis hat, an die Existenz eines Gottes zu glauben, dann ist derjenige, der nicht daran glaubt, welche Logik ihn auch zu seinem Skeptizismus veranlaßt, eine naturwidrige Ausnahme, ein Ungeheuer.

Das ist die bevorzugte Argumentation vieler Theologen und Metaphysiker unserer Tage, ja selbst des berühmten Mazzini, der auf einen lieben Gott nicht verzichten kann, um seine asketische Republik zu begründen und um ihre Anerkennung durch die Volksmassen zu gewährleisten, deren Freiheit und Wohlstand er systematisch der Größe seines Idealstaates opfert.

Demnach wären also das hohe Alter und die allgemeine Verbreitung des Gottesglaubens, gegen alle Wissenschaft und alle Logik, die unwiderlegbaren Beweise für die Existenz Gottes. Und warum? Bis zum Jahrhundert von Kopernikus und Galilei hatten alle, mit Ausnahme vielleicht der Pythagoräer,[40] geglaubt, die Sonne drehe sich um die Erde. War der Glaube ein Beweis für die Wahrheit dieser Annahme? Von den geschichtlichen Ursprüngen der Gesellschaft bis in unsere Tage sind die zur Arbeit gezwungenen Massen, ob Sklaven oder Lohnarbeiter, immer und überall durch irgendeine herrschende Minderheit ausgebeutet worden. Folgt daraus etwa, daß die Ausbeutung der Arbeit anderer durch irgendwelche Parasiten kein Unrecht, kein Raub oder Diebstahl ist? Zwei Beispiele, die beweisen, daß die Argumentation unserer modernen Deisten nichts taugt.

Tatsächlich ist nichts so weit verbreitet, nichts so alt wie das Absurde. Die Wahrheit hingegen ist vergleichsweise viel jünger, da sie stets das Ergebnis, das Produkt, niemals der Anfang der Geschichte war. Denn der Mensch, seinem Ursprung nach ein Vetter, wenn nicht direkter Nachkomme des Gorillas, ist aus der tiefen Nacht des tierischen Instinkts aufgebrochen, um zum Licht des Geistes zu gelangen, was auf eine ganz natürliche Weise seine vergangenen Phantastereien erklärt und uns ein wenig über seine gegenwärtigen Irrtümer hinwegtröstet. Die gesamte Geschichte des Menschen ist also nicht anderes als seine allmähliche Entfernung von der reinen Tiernatur durch die Erschaffung seiner Menschlichkeit. Daraus folgt, daß das Alter einer Idee nicht etwa ein Beweis zu ihren Gunsten ist, sondern sie uns geradezu verdächtig machen muß. Und die allgemeine Verbreitung eines Irrtums beweist nur eines: die Wesensgleichheit des Menschen zu allen

Zeiten und in allen Teilen der Erde. Und selbst wenn die Völker zu allen Epochen an Gott geglaubt haben und es weiterhin tun, so dürfen wir uns dennoch nicht beeindrucken lassen durch diese gewiß unbestreitbare Tatsache, die sich aber in unserem Geist weder gegen die Logik noch gegen die Wissenschaft behaupten kann, sondern müssen daraus den einfachen Schluß ziehen, daß der Gottesgedanke, der zweifelsohne von uns selbst stammt, ein für die Entwicklung der Menschheit notwendiger Irrtum ist, und uns fragen, wie und warum er entstanden ist und warum er für die große Mehrheit der menschlichen Gattung auch heute noch eine Notwendigkeit bleibt?

Solange wir nicht geklärt haben, auf welche Weise der Gedanke einer übernatürlichen oder göttlichen Welt entstanden ist und in der natürlichen Entwicklung des menschlichen Geistes und der menschlichen Gesellschaft mit historischer Notwendigkeit hat entstehen müssen, können wir von der Absurdität dieses Gedankens noch so sehr wissenschaftlich überzeugt sein, wir werden ihn niemals aus dem Bewußtsein der Welt tilgen, weil wir ihn ohne dieses Wissen niemals an seiner Wurzel, im tiefsten Innern des menschlichen Wesens, zu fassen bekommen, und solange die Wurzel des Gottesglaubens nicht ausgerissen ist, wird sie stets neue Ableger hervorbringen. In einem endlosen und vergeblichen Kampf werden wir uns damit begnügen müssen, ihn lediglich an der Oberfläche, in seinen tausend Erscheinungen, zu bekämpfen, deren Absurdität, kaum daß sie unter den Schlägen des gesunden Menschenverstandes zusammengebrochen ist, sich sogleich in einer neuen und nicht minder törichten Form wieder aufrichten wird. So breitet sich heute in manchen Kreisen der zivilisierten Gesellschaft der Spiritismus auf den Ruinen des Christentums aus.

Mehr noch, es ist für uns selber unumgänglich, uns dessen bewußt zu werden, denn wir mögen uns noch so sehr Atheisten nennen, solange wir die natürliche Entstehungsgeschichte des Gottesgedankens in der menschlichen Gesellschaft nicht begriffen und dessen Geheimnis, das heißt seine natürliche Ursache, nicht aufgedeckt haben, werden wir uns von den lautstarken Kundgebungen dieses allgemeinen Bewußtseins stets mehr oder weniger beherrschen lassen und angesichts der natürlichen Schwäche des Individuums gegenüber seiner gesellschaftlichen Umgebung werden wir stets Gefahr laufen, früher oder später wieder der Sklaverei des religiösen Wahns anheimzufallen. Beispiele für solch traurige Bekehrungen gibt es in der heutigen Gesellschaft zuhauf.

Meine Herren, wir sind mehr denn je von der Dringlichkeit überzeugt, heute die folgende Frage restlos aufzuklären:

Wie hat, da der Mensch mit der gesamten Natur eine Einheit bildet und nur das Produkt einer unbestimmten Zahl rein materieller Ursachen ist, diese Dualität: die Annahme zweier gegensätzlicher Welten, die eine geistig, die andere materiell, die eine göttlich, die andere ganz natürlich, entstehen, sich durchsetzen und im menschlichen Bewußtsein so tiefe Wurzeln schlagen können?

Wir sind so sehr davon überzeugt, daß von der Klärung dieser bedeutsamen Frage unsere endgültige und vollständige Befreiung aus den Ketten jeder Religion abhängt, daß wir Sie um die Erlaubnis bitten, ihnen unsere diesbezüglichen Ideen vortragen zu dürfen.

Es mag vielen sonderbar erscheinen, daß wir in einer Schrift über Politik und Sozialismus Fragen der Metaphysik und Theologie behandeln. Das geschieht deshalb, weil es unserer innersten Überzeugung entspricht, daß sich diese Fragen von denen des Sozialismus und der Politik nicht mehr trennen lassen. Das Lager der Reaktion wird, unter dem Druck einer unbezwingbaren Logik, immer religiöser. Es unterstützt den Papst in Rom, verfolgt die Naturwissenschaften in Rußland, stellt in allen Ländern seine militärischen und zivilen, seine politischen und sozialen Ungerechtigkeiten unter den Schutz des lieben Gottes, den es seinerseits in den Kirchen und Schulen nach Kräften fördert, mit Hilfe einer scheinheiligen, unterwürfigen, selbstgefälligen, bedrückend dogmatischen Wissenschaft sowie mit allen Mitteln, über die der Staat verfügt. Das Reich Gottes im Himmel findet seine Fortsetzung in der offenen oder verborgenen Herrschaft der Knute und der systematischen Ausbeutung der unterworfenen Massen auf Erden – darin besteht heute das religiöse, gesellschaftliche, politische und absolut logische Ideal der reaktionären Partei in Europa. Im Gegensatz dazu und aus dem umgekehrten Grund muß die Revolution atheistisch sein: da die geschichtliche Erfahrung und die Logik zugleich bewiesen haben, daß ein einziger Herr im Himmel genügt, um Tausende auf Erden zu schaffen.

Und ist der Sozialismus, der die Verwirklichung des Wohlstands und menschlichen Glücks auf Erden – nicht als Ersatz im Himmel – anstrebt, letztlich etwas anderes als die Vollendung und damit die Verneinung jeder Religion, die, wenn sich ihre Sehnsüchte erst einmal erfüllt haben, jegliche Daseinsberechtigung verliert?

Bei der Darlegung unserer Ideen über die Ursprünge der Religion werden wir uns bemühen, uns so kurz zu fassen und mit so wenig Abstraktionen auszukommen wie möglich.

Ohne die philosophischen Spekulationen über das Wesen der Wirklichkeit vertiefen zu wollen, glauben wir doch, folgenden Satz als Axiom aufstellen zu können: *Alles, was ist, alle Wesen, die das unendliche Ganze des Universums bilden, alle auf der Welt existierenden Dinge, wie immer sie hinsichtlich ihrer Qualität und ihrer Quantität beschaffen sein mögen, große, mittlere oder unendlich kleine, nahe oder unermeßlich ferne, stehen, ohne es zu wollen oder sich dessen überhaupt bewußt zu sein, wechselseitig oder jedes mit allen anderen, unmittelbar oder durch Übergänge, in einer Beziehung unaufhörlicher Wirkung und Gegenwirkung, die, zu einer einzigen Bewegung zusammengefaßt, das bilden, was wir die universelle Solidarität und Kausalität, das universelle Leben nennen.* Sie können diese Solidarität ruhig Gott oder das Absolute nennen, wenn es Ihnen Vergnügen bereitet, das ist uns egal, vorausgesetzt, sie geben diesem Gott keine andere als die soeben eingeführte Bedeutung: die einer umfassenden, natürlichen, notwendigen, aber keineswegs vorherbestimmten oder festgelegten Verbindung einer unendlichen Zahl einzelner Wirkungen und Gegenwirkungen. Über diese ständig wirkende und sich wandelnde Solidarität, dieses universelle Leben können wir wohl rational begründete Vermutungen anstellen, wir können sie aber niemals wirklich erfassen, nicht einmal mit unserer Vorstellungskraft, und noch viel weniger erkennen. Denn erkennen können wir nur, was sich unseren Sinnen darbietet, und diese werden immer nur einen unendlich kleinen Teil des Universums erfassen. Selbstverständlich begreifen wir diese Solidarität nicht als erste und absolute Ursache, sondern im Gegenteil als eine *Resultante*[41],* die durch die gleichzeitige Wirkung aller einzelnen Ursachen immer wieder neu geschaffen wird – und eben in dieser Wirkung besteht die universelle Kausalität. Dieser Bestimmung zufolge können wir nunmehr, ohne befürchten zu müssen, dadurch irgendein Mißverständnis hervorzurufen, behaupten, daß das universelle Leben die Welten schafft. Dieses universelle Leben ist für die geologische, klimatische und geographische Beschaffenheit unserer Erde verantwortlich, und nachdem es deren Oberfläche mit der üppigen Pracht des organischen Lebens bedeckt hat, setzt es sein Werk fort und schafft auch noch die Menschenwelt: die Gesellschaft mit all ihren vergangenen, gegenwärtigen und zukünftigen Entwicklungen.

Man begreift jetzt, daß in einer so verstandenen Schöpfung weder von vorangegangenen Ideen noch von vorgegebenen und feststehenden Gesetzen die Rede sein kann. Alle Ereignisse der wirklichen Welt, die sich aus dem Zusammentreffen

---

* Wie auch jedes menschliche Individuum nicht anderes ist als die Resultante aller Ursachen, die für seine Geburt verantwortlich waren, in Verbindung mit allen Bedingungen seiner späteren Entwicklung.

zahlloser Einflüsse und Bedingungen ergeben, sind zuerst da – erst dann kommt mit dem denkenden Menschen das Bewußtsein dieser Ereignisse und das mehr oder weniger genaue und vollständige Wissen um die *Art und Weise* ihres Zustandekommens. Und wenn wir beobachten, daß sich in irgendeiner Ereignisfolge dieselbe Art und Weise oder dasselbe Verhalten oft oder fast immer wiederholen, dann sprechen wir von einem *Gesetz* der Natur.

Unter dem Wort *Natur* verstehen wir keine irgendwie mystische, pantheistische oder substantielle Idee, sondern einfach die Summe der Wesen, der wirklichen Ereignisse und Prozesse, die letztere hervorbringen. Es ist offenkundig, daß gemäß dieser Definition von Natur – zweifellos infolge des Zusammentreffens derselben Bedingungen und Einflüsse und vielleicht auch infolge der durch den unaufhörlichen Strom der Schöpfung einmal eingeschlagenen Richtungen, die aufgrund ständiger Wiederholung Konstanten geworden sind – es ist offenkundig, behaupten wir, daß sich in manchen festgelegten Ereignisfolgen dieselben Gesetze ständig wiederholen und daß nur aufgrund dieser Beständigkeit der Abläufe in der Natur der menschliche Geist das hat entdecken und erkennen können, was wir die Gesetze der Mechanik, der Physik, der Chemie und der Physiologie nennen. Und nur daraus erklärt sich auch die nahezu unveränderte Wiederholung der Gattungen, Arten und Varianten bei Pflanzen und Tieren, in denen sich das organische Leben auf der Erde bisher entfaltet hat. Diese Beständigkeit und diese Wiederholung sind keineswegs absolut. Sie lassen stets breiten Raum für das, was wir fälschlicherweise Anomalien oder Ausnahmen nennen – eine ungerechtfertigte Redensart, denn die Tatsachen, auf die sie sich bezieht, beweisen doch nur, daß die allgemeinen Regeln – die wir zu Naturgesetzen erhoben haben, während sie nichts anderes sind als Abstraktionen, die unser Geist auf Grundlage der tatsächlichen Entwicklung der Dinge gebildet hat – nicht in der Lage sind, den ganzen unendlichen Reichtum dieser Entwicklung zu erfassen und zu erklären. Wie Darwin im übrigen so glänzend bewiesen hat, sind diese vermeintlichen Anomalien, die sich häufig untereinander verbinden, dadurch weiter stabilisieren und sozusagen neue Verhaltensgewohnheiten, neue Fortpflanzungsmethoden und Lebensweisen in die Natur einführen, genau der Weg, auf dem das organische Leben neue Varianten und Arten entstehen läßt. Auf diese Weise hat das Leben aus einer einfachen, noch kaum gegliederten Zelle über alle erst pflanzlichen, dann tierischen Entwicklungsstufen hinweg schließlich den Menschen erschaffen.

Wird der Mensch auf ewig der letzte und vollkommenste Organismus auf dieser Erde sein? Wer könnte darauf antworten und schwören, daß nicht in einigen tausend oder zehntausend Jahren aus der höchstentwickelten Spezies der menschlichen Gattung eine dem Menschen überlegene Art hervorgehen wird, die sich zu ihm verhielte, wie er sich selbst heute zum Gorilla verhält? Jedenfalls hat unsere Eitelkeit einstweilen nichts zu fürchten. Die Wandlungen der Natur vollziehen sich sehr langsam und beim gegenwärtigen Zustand der Menschheit gibt es noch keinerlei Anzeichen, die auf die wahrscheinliche Entstehung einer höheren Art hindeuten würden. Und außerdem, setzt nicht die Natur ihr ununterbrochenes Schöpferwerk stets ganz unmittelbar in den geschichtlichen Entwicklungen der Menschenwelt fort? Es ist nicht ihre Schuld, wenn wir diese Welt, die menschliche Gesellschaft, in unserem Geist von der anderen getrennt haben, der wir die Bezeichnung natürliche Welt vorbehalten.

Der Grund für diese Trennung liegt in der Natur unseres Geistes selbst, der einen Wesensunterschied zwischen dem Menschen und allen Tiergattungen einführt. Dennoch müssen wir eingestehen, daß der Mensch nicht das einzige intelligente Lebewesen auf Erden ist. Im Gegenteil, die vergleichende Psychologie zeigt uns, daß kein Tier bar jeglicher Intelligenz ist, und je näher eine Art aufgrund ihrer Körperbaus und vor allem der Entwicklung ihres Gehirns der menschlichen Gattung steht, um so höher und besser entwickelt ist auch ihre Intelligenz. Aber allein beim Menschen gelangt sie zu dem

Punkt, den man die Fähigkeit zu denken nennen kann, das heißt, die Vorstellungen von inneren wie äußeren Objekten, die uns durch unsere Sinne gegeben sind, zu verbinden, daraus Gruppen zu bilden, dann erneut einen Vergleich und eine Verbindung dieser verschiedenen Gruppen vorzunehmen, die keine realen Erscheinungen, Objekte unserer Sinne mehr sind, sondern Begriffe, die sich durch das erstmalige Auftreten jener Fähigkeit, die wir Urteilskraft nennen, in uns gebildet haben, die wir in unserem Gedächtnis speichern und aus deren späterer Verbindung durch eben jene Fähigkeit sich das ergibt, was wir Ideen nennen – um anschließend aus ihnen die logisch notwendigen Schlüsse und Anwendungen abzuleiten. Zwar begegnen uns leider nur allzu häufig Menschen, die noch nicht zur vollen Ausbildung dieser Fähigkeit gelangt sind, indes haben wir noch nie irgendein Geschöpf einer niederen Art gesehen oder von einem solchen gehört, das diese Fähigkeit besessen hätte, und nun möge man nicht Bileams Eselin[42] als Beispiel anführen oder ein anderes jener Tiere, das irgendeine Religion unserem Glauben und unserer Verehrung anempfiehlt. Wir können also behaupten, ohne befürchten zu müssen, widerlegt zu werden, daß der Mensch das einzige denkende Lebewesen auf dieser Erde ist.

Er allein ist mit diesem Abstraktionsvermögen ausgestattet, das natürlich durch jahrhundertelange Betätigung innerhalb der Gattung gefestigt und weiterentwickelt wurde und das, indem es ihn innerlich über alle Objekte um ihn herum, über alles, was man die Außenwelt nennt, und sogar über sich selbst als Individuum erhebt, in die Lage versetzt, die Idee der Totalität des Seins, des Universums, des Unendlichen oder Absoluten zu denken – eine im Grunde gänzlich abstrakte und inhaltsleere Idee; und doch ist sie allmächtig und Ursache aller späteren Errungenschaften des Menschen, denn sie allein entreißt ihn der vermeintlichen Glückseligkeit und dumpfen Arglosigkeit des tierischen Paradieses, um ihn den Siegeszügen und den unermeßlichen Qualen einer grenzenlosen Entwicklung auszusetzen …

Dank dieser Abstraktionsfähigkeit kann der Mensch sich aus dem unmittelbaren Zwang befreien, den alle äußeren Objekte unweigerlich auf jedes Individuum ausüben, und sie miteinander vergleichen, ihre Beziehungen untersuchen. Das eben ist der Anfang der *Analyse und der experimentellen Wissenschaft.* Dank derselben Fähigkeit spaltet er sich auf, trennt sich innerlich von sich selbst, und erhebt sich dadurch über seine eigenen Regungen, seine Instinkte, seine verschiedenen Begierden, in ihrer Vergänglichkeit und Besonderheit, was ihm die Möglichkeit gibt, sie untereinander zu vergleichen – ganz so, wie er auch die äußeren Objekte und Bewegungen vergleicht – und sich für die einen gegen die anderen zu entscheiden gemäß dem (gesellschaftlichen) Ideal, das sich in ihm herausgebildet hat – das ist das Erwachen des *Bewußtseins* und dessen, was wir *Willen* nennen.

Besitzt der Mensch wirklich einen freien Willen? Ja und nein, je nach dem, was man damit meint. Wenn man unter freiem Willen [*volonté libre*] die Freiheit der selbständigen Wahl [*libre arbitre*] versteht, das heißt, die angenommene Fähigkeit des menschlichen Individuums, frei und unabhängig von jeglichem äußeren Einfluß über sich selbst zu bestimmen; wenn man, wie das alle Religionen und alle Formen von Metaphysik getan haben, mit diesem vermeintlich freien Willen den Menschen aus dem Strom der universellen Kausalität, die die Existenz aller Dinge bestimmt und jedes von allen anderen abhängig macht, herausnehmen möchte, dann können wir nicht umhin, ihn als Unsinn zu verwerfen, denn nichts kann außerhalb dieser Kausalität bestehen.

Die unaufhörliche Wirkung und Gegenwirkung des Ganzen auf jeden Punkt und von jedem Punkt auf das Ganze bilden, wie gesagt, das höchste Gattungsgesetz und die Totalität der Welten, die immer zugleich Erzeugerin und Produkt ist: Allmächtig und nimmer ruhend, hat diese universelle Solidarität, diese wechselseitige Kausalität, die wir fortan *Natur* nennen werden, neben zahllosen anderen Welten auch unsere Erde erschaffen, mit dem ganzen Spektrum ihrer Wesen, vom

Mineral bis zum Menschen. Sie erzeugt sie ständig neu, entwickelt sie, nährt sie, erhält sie, dann, wenn ihre Zeit gekommen ist, und häufig schon vorher, zerstört sie sie, oder vielmehr verwandelt sie in neue Wesen. Sie ist folglich die Allmacht, der gegenüber es keine Unabhängigkeit, keine Autonomie geben kann – das höchste Sein, das in seiner unwiderstehlichen Wirkung die ganze Existenz der Wesen umfaßt und durchdringt, und unter allen Lebewesen ist kein einziges, das nicht, wenn auch in unterschiedlichem Maße, das Gefühl oder die Empfindung dieses übermächtigen Einflusses und dieser absoluten Abhängigkeit in sich trüge. Nun, dieses Gefühl und diese Empfindung sind eben die Grundlage jeder Religion.

Wie ersichtlich, hat die Religion wie auch jedes Menschenwerk seine Urquelle im tierischen Leben. Man kann unmöglich behaupten, irgendein Lebewesen, mit Ausnahme des Menschen, hätte eine Religion, weil selbst die primitivste Religion noch ein gewisses Maß an Reflexion voraussetzt, zu der kein Lebewesen, außer dem Menschen, jemals gelangt ist. Aber man kann ebensowenig leugnen, daß in der Existenz aller Lebewesen, ohne Ausnahme, bereits alle, sozusagen materiellen, Bestandteile der Religion enthalten sind, abgesehen natürlich von ihrer ideellen Seite, eben der, die sie, früher oder später, zerstören muß – dem Denken. Denn worin genau besteht das wahre Wesen jeder Religion? Eben in diesem Gefühl absoluter Abhängigkeit des vergänglichen Individuums angesichts der ewigen und allmächtigen Natur.

Es fällt uns schwer, dieses Gefühl bei den niederen Tierarten zu beobachten und in all seinen Erscheinungen zu analysieren. Dennoch können wir sagen, daß der Selbsterhaltungstrieb, den man bereits bei den vergleichsweise armseligsten Organismen antrifft, wenn auch in einem geringeren Maße als bei höheren Organismen, nichts anderes ist als eine Art gewohnheitsbedingter Weisheit, die sich bei jedem unter dem Einfluß jenes Gefühls herausbildet, das, wie gesagt, kein anderes ist als das religiöse Gefühl. Bei Tieren, die bereits vollkommener ausgestattet sind und mehr dem Menschen nahekommen, äußert es sich in einer für uns viel leichter wahrnehmbaren Weise, zum Beispiel in der instinktiven und panischen Angst, die sich ihrer manchmal beim Nahen einer großen Naturkatastrophe, etwa eines Erdbebens, eines Waldbrandes oder eines starken Sturmes, bemächtigt. Ganz allgemein gesprochen ist die Angst eines der vorherrschenden Gefühle des tierischen Lebens. Alle wildlebenden Tiere sind scheu, was beweist, daß sie in einer unablässigen instinktiven Angst leben, daß sie stets ein Gefühl für die Gefahr haben, das heißt, für einen allmächtigen Einfluß, der sie immer und überall verfolgt, durchdringt und umfaßt. Diese Furcht, die Gottesfurcht, würden die Theologen sagen, ist der Beginn der Weisheit, das heißt, der Religion. Aber bei den Tieren wird sie nicht zur Religion, weil ihnen jenes Reflexionsvermögen fehlt, welches das Gefühl festhält, seinen Gegenstand bestimmt und es in Bewußtsein, in Denken verwandelt. Man hatte also recht mit der Behauptung, der Mensch sei von Natur aus religiös. Er ist es wie alle anderen Lebewesen, doch hat er als einziger auf Erden das Bewußtsein für seine Religion.

Die Religion, wurde behauptet, sei das erste Erwachen der Vernunft: ja, aber in Gestalt der Unvernunft. Die Religion beginnt, wie wir gerade festgestellt haben, mit der Furcht. Und in der Tat, als der Mensch bei den ersten Strahlen jener inneren Sonne, die wir Selbstbewußtsein nennen, langsam und ganz allmählich aus dem Dämmerschlaf erwachte, jenem Instinktleben, das er führte, als er sich noch im Stand der reinen Unschuld, das heißt des Tieres, befand – da er ja wie jedes Tier in der Furcht vor dieser Außenwelt geboren wurde, die ihn zwar erzeugt und nährt, aber ihn zugleich auch bedrängt, überwältigt und jederzeit zu verschlingen droht –, mußte notwendigerweise das erste Objekt seiner erwachenden Reflexion eben diese Furcht sein. Man kann vermuten, daß beim primitiven Menschen, als seine Intelligenz erwachte, dieser instinktive Schrecken noch viel stärker gewesen sein muß als bei allen anderen Lebewesen. Zunächst, weil er bei seiner Geburt viel schlechter ausgestattet ist als die anderen und seine Kindheit viel länger dauert. Und dann, weil eben diese Reflexion, kaum entfaltet und noch nicht in ausreichendem Maße zu Kraft und Reife gelangt, um die äußeren Objekte erkennen und benutzen zu können, den Menschen gleichwohl herausreißen mußte aus dem Einklang, der Verbundenheit, der instinktiven Harmonie, in welcher er sich, als Verwandter des Gorillas, mit der übrigen Natur befunden hatte, bevor das Denken in ihm erwachte. So isolierte ihn die Reflexion innerhalb dieser Natur, und in dem Maße wie er sich ihrer entfremdete, mußte sie ihm, verzerrt durch seine übersteigerte Phantasie und unter der Wirkung der einsetzenden Reflexion vergrößert, als eine finstere und geheimnisvolle Macht erscheinen, unermeßlich viel feindseliger und bedrohlicher, als sie in Wirklichkeit ist.

Es ist äußerst schwierig, wenn nicht ganz und gar unmöglich, uns eine genaue Vorstellung von den ersten religiösen Empfindungen und Eindrücken des Wilden zu machen. Im einzelnen werden sie wohl ebenso verschieden gewesen sein wie die besonderen Eigenarten der primitiven Stämme, die sie verspürten, ebenso wie die Witterungsverhältnisse, die Beschaffenheit der jeweiligen Orte und alle sonstigen äußerlichen Umstände und Bedingungen, inmitten derer sie sich entwickelten. Aber da es schließlich menschliche Empfindungen und Eindrücke waren, müssen sie sich, ungeachtet der großen Vielfalt im Detail, auf einige einfache Gemeinsamkeiten allgemeiner Art zurückführen lassen, die wir versuchen werden zu bestimmen.

Wie es auch um die Herkunft der verschiedenen Menschengruppen und die Verzweigung der menschlichen Rassen auf dem Erdball bestellt sein mag – ob alle Menschen nur einen einzigen Gorilla-Adam oder Vetter des Gorillas zum Ahnvater haben oder ob sie von mehreren abstammen, die die Natur an verschiedenen Orten und zu verschiedenen Zeiten unabhängig voneinander hat entstehen lassen – , die Fähigkeit, die die menschliche Natur im eigentlichen Sinne erst hervorbringt und darstellt: Die Reflexion, das Abstraktionsvermögen, die Vernunft, das Denken, kurzum, die Fähigkeit, Ideen zu bilden, bleibt, ebenso wie die Gesetze, die festlegen, in welchen Formen sich diese Fähigkeit äußert, zu allen Zeiten und an allen Orten, immer und überall gleich, – so daß keine menschliche Entwicklung im Widerspruch zu diesen Gesetzen verlaufen kann. Dies berechtigt uns zu der Annahme, daß die wesentlichen Stadien, die sich in der ursprünglichen religiösen Entwicklung eines einzigen Volkes beobachten lassen, sich bei allen anderen Bevölkerungen der Erde wiederholt haben müssen.

Den übereinstimmenden Berichten der Reisenden nach zu urteilen, die seit dem vergangenen Jahrhundert die Inseln Ozeaniens besucht haben, wie auch derer, die in unseren Tagen ins Innere Afrikas vorgedrungen sind, muß wohl der *Fetischismus* die Urreligion der wilden Volksstämme sein, die sich noch am wenigsten vom Naturzustand entfernt haben. Doch ist der Fetischismus nichts anderes als *die Religion der Angst*, der erste menschliche Ausdruck jenes Gefühls absoluter Abhängigkeit, vermischt mit instinktivem Entsetzen, das wir bereits in allem tierischen Leben vorfinden und das, wie gesagt, die religiöse Beziehung der Geschöpfe selbst der niedersten Arten mit der Allmacht der Natur darstellt. Wer weiß denn nicht, welchen Einfluß die regelmäßige Wiederkehr der großen Naturerscheinungen auf alle Lebewesen, sogar auf die Pflanzen, ausübt und welchen Eindruck sie hervorruft. Etwa der Aufgang und der Untergang der Sonne, der Mondschein, die Wiederkehr der Jahreszeiten, der Wechsel von Wärme und Kälte, das eigentümliche und beständige Wirken des Ozeans, der Berge, der Wüste, oder eben die Naturkatastrophen, die Stürme, die Sonnenfinsternisse, die Erdbeben sowie die so vielfältigen Beziehungen wechselseitigen Fressens und Gefressenwerdens der Tierarten untereinander und zwischen ihnen und den Pflanzenarten. All das stellt für jedes Tier eine Gesamtheit von Existenzbedingungen dar, einen Charakter, ein Wesen. Und wir wären fast versucht zu sagen, einen besonderen Kult, denn bei allen Tieren, bei allen Lebewesen, findet man eine Art Anbetung der Natur wieder, eine Mischung aus Furcht und Freude, Hoffnung und Besorgnis, die, als Gefühl, viel Ähnlichkeit hat mit der menschlichen Religion. Selbst Anrufung und Gebet fehlen nicht. Betrachten Sie nur einen folgsamen Hund, der gestreichelt werden möchte oder einen Blick seines Herrn erfleht: Ist das nicht ein Abbild des Menschen, der vor seinem Gott kniet? Überträgt nicht dieser Hund in seiner Vorstellung und vielleicht sogar in einem Ansatz von Reflexion, den die Erfahrung in ihm entwickelt hat, die natürliche Allmacht, die ihn beherrscht, auf seinen Herrn, wie der gläubige Mensch sie auf Gott überträgt? Welcher Unterschied besteht also zwischen dem religiösen Gefühl des Menschen und dem des Hundes? Es ist nicht einmal die Reflexion selbst, sondern nur der Grad an Reflexion oder vielmehr die Fähigkeit, ihr die Gestalt eines abstrakten Gedankens zu geben, sie durch Benennung zu verallgemeinern. Das Besondere der menschlichen Sprache liegt gerade in ihrem Unvermögen, die realen Dinge zu benennen, die unmittelbar auf unsere Sinne einwirken. Statt dessen bringt sie deren Begriff oder abstrakte Allgemeinheit zum Ausdruck. Und da Sprache und Denken die beiden verschiedenen, aber untrennbaren Formen ein und desselben Aktes menschlicher Reflexion sind, verallgemeinert letztere durch diese Festlegung den Gegenstand der tierischen Angst und Verehrung oder des ersten menschlichen Naturkultes, verwandelt ihn in eine abstrakte Wesenheit und versucht, ihn durch einen Namen zu bezeichnen. Der von diesem oder jenem angebetete Gegenstand bleibt immer: *dieser* Stein, *dieses* Stück Holz, kein anderes. Aber sobald er sprachlich benannt ist, wird er zu einem abstrakten Gegenstand oder Begriff, *ein* Stück Holz oder *ein* Stein im allgemeinen. So beginnt mit dem ersten Erwachen des Denkens, das sich in der Sprache äußert, die eigentlich menschliche Welt, die Welt der Abstraktionen.

Wie gesagt, dank dieser Abstraktionsfähigkeit erschafft der in die Natur hineingeborene und durch sie hervorgebrachte

Mensch innerhalb und unter den Bedingungen dieser Natur eine zweite Existenz, die seinem Ideal entspricht und die sich, wie er selbst, fortentwickelt.

Alles Lebende, möchten wir des besseren Verständnisses willen hinzufügen, trachtet danach, sich in der Fülle seines Seins zu verwirklichen. Der Mensch, lebendes und denkendes Wesen zugleich, muß, um sich zu verwirklichen, zunächst sich selbst erkennen. Das ist der Grund für den unermeßlichen Rückstand, den wir in seiner Entwicklung feststellen und der dafür verantwortlich ist, daß er, um zum gegenwärtigen Stand der Gesellschaft in den zivilisiertesten Ländern zu gelangen – und der noch so wenig dem Ideal entspricht, nach dem wir heute streben – , mehrere Jahrzehntausende gebraucht hat ... Man möchte meinen, der sich selbst suchende Mensch habe, auf all seinen physiologischen wie historischen Wanderschaften, erst alle erdenklichen Dummheiten und Mißgeschicke durchlaufen müssen, bevor er das bißchen Vernunft und Gerechtigkeit zuwege bringen konnte, das heute in der Welt herrscht.

Der Schlußpunkt, das höchste Ziel jeder menschlichen Entwicklung, ist *die Freiheit.* J.-J. Rousseau und seine Schüler haben den Fehler begangen, sie in den Anfängen der Geschichte zu suchen, als der Mensch, dem es noch an jeglichem Bewußtsein seiner selbst gebrach und der folglich nicht in der Lage war, irgendeinen Vertrag abzuschließen, voll und ganz das unerbittliche Joch der Natur zu tragen hatte, dem alle Lebewesen unterworfen sind und von dem der Mensch sich nur dadurch in einem gewissen Maße hat befreien können, daß er nachfolgend von seiner Vernunft Gebrauch machte. Diese entwickelte sich zwar im Laufe der Geschichte nur sehr langsam, entdeckte aber nach und nach die Gesetze, von denen sowohl die Außenwelt als auch unser eigenes inneres Wesen beherrscht wird, und machte sie sich sozusagen zu eigen, indem sie sie in Ideen verwandelte – gleichsam unwillkürliche Hervorbringungen unseres eigenen Gehirns. Dadurch bewirkte sie, *daß der Mensch, auch wenn er weiterhin diesen Ge-*

setzen unterliegt, nur noch seinen eigenen Gedanken gehorcht. Das ist die einzige Würde und die ganze Freiheit, die dem Menschen der Natur gegenüber möglich ist. Es wird nie eine andere geben, denn die Naturgesetze sind unveränderbar und unausweichlich. Sie sind die Grundlage unserer gesamten Existenz, unseres Daseins, und niemand kann gegen sie aufbegehren, ohne nicht sofort auf das Absurde zu stoßen oder im sicheren Selbstmord zu enden. Aber durch ihre Anerkennung und geistige Aneignung entzieht sich der Mensch dem unmittelbaren Zugriff der Außenwelt, und indem er selbst zum Schöpfer wird und nur noch seinen eigenen Ideen gehorcht, wandelt er letztere, seinen wachsenden Bedürfnissen gemäß, mehr oder weniger um und prägt ihr gewissermaßen das Bild seiner Menschlichkeit auf.

So hat denn das, was wir *Menschenwelt* nennen, keinen anderen unmittelbaren Schöpfer als den Menschen selbst, der sie hervorbringt, indem er, Schritt für Schritt, der Außenwelt und seiner eigenen Tiernatur seine Freiheit und seine Menschenwürde abringt. Eine unwiderstehliche, von ihm unabhängige Kraft, die auch allen anderen Lebewesen innewohnt, drängt ihn dazu. Diese Kraft ist der universelle Strom des Lebens, eben der, den wir universelle Kausalität, Natur genannt haben und der sich in allen Lebewesen, Pflanzen oder Tieren, im Streben jedes einzelnen ausdrückt, die Lebensbedingungen seiner Art zu verwirklichen, das heißt, seine Bedürfnisse zu befriedigen. Dieses Streben, die wesentliche und höchste Lebensäußerung, bildet die Grundlage dessen, was wir *Willen* nennen: unerbittlich und unwiderstehlich bei allen Lebewesen, ohne selbst den zivilisiertesten Menschen auszunehmen; instinktiv, man könnte fast sagen mechanisch bei den niederen Organismen, intelligenter bei den höheren Arten. Zu einem vollen Verständnis seiner selbst gelangt dieses Streben nur beim Menschen, der dank seiner Intelligenz – die ihn über jede seiner instinktiven Regungen erhebt und ihm ermöglicht, seine eigenen Bedürfnisse zu vergleichen, zu kritisieren und über sie zu verfügen – als einziges von allen Lebewesen dieser Erde eine verstandesmäßige Bestimmung seiner selbst besitzt, *einen freien Willen.*

Selbstverständlich hat diese Freiheit des Willens angesichts des universellen Lebensstroms oder der absoluten Kausalität, der gegenüber jedes besondere Wollen sozusagen nur ein Rinnsal ist, hier keinen anderen Sinn als denjenigen, den ihr die Reflexion verleiht, im Gegensatz zur mechanischen Ausführung oder selbst zum Instinkt. Der Mensch erfaßt und begreift die Naturnotwendigkeiten, die sich in seinem Gehirn widerspiegeln und dort durch einen noch wenig bekannten Vorgang physiologischer Reaktion als logische Folge seiner eigenen Gedanken neu entstehen – und dieses Verständnis verleiht ihm, inmitten seiner nirgendwo unterbrochenen, absoluten Abhängigkeit, das Gefühl seiner eigenen Bestimmung, des bewußten und selbsttätigen Willens und der Freiheit. Will er nicht sofort oder auf die Dauer Selbstmord begehen, wird es keinem Menschen jemals gelingen, sich von seinen natürlichen Trieben zu befreien, aber er kann sie beherrschen und verändern, indem er sich bemüht, sie immer weiter dem anzupassen, was er auf der jeweiligen Stufe seiner geistigen und moralischen Entwicklung das Gerechte und das Schöne nennen wird.

Im Grunde genommen sind und bleiben die Bezugspunkte der vollendetsten menschlichen Existenz wie des dumpfsten tierischen Lebens stets die gleichen: geboren werden, sich entwickeln und aufwachsen, arbeiten, um zu essen und zu trinken, sich zu schützen und zu verteidigen, das soziale Gleichgewicht zwischen sich und seiner Art erhalten, lieben, sich fortpflanzen und schließlich sterben … Zu diesen Punkten kommt beim Menschen nur ein einziger neuer hinzu: nämlich denken und wissen – Fähigkeit und Bedürfnis, die natürlich in einem geringeren, aber bereits deutlich spürbaren Maße bei jenen Tierarten zu finden sind, die aufgrund ihres Körperbaus dem Menschen am nächsten stehen, denn es scheint in der Natur keine absoluten Qualitätsunterschiede zu geben. Alle Unterschiede der Qualität lassen sich letzten Endes auf solche der Quantität zurückführen – auch wenn sie nur beim Menschen eine solch bezwingende und übermächtige Kraft erlangen, daß sie mit der Zeit sein ganzes Leben verändern. Wie einer der größten Denker unser Tage, Ludwig Feuerbach,[43] sehr richtig bemerkt hat: Der Mensch tut nichts anderes als die Tiere, aber er muß es auf immer *menschlichere* Weise tun. Das ist der ganze Unterschied, aber er ist gewaltig.* Dieser Unterschied enthält die gesamte Zivilisation mit allen Wundern der Industrie, der Wissenschaft und der Künste; mit allen religiösen, ästhetischen, philosophischen, politischen, ökonomischen und sozialen Errungenschaften der Menschheit – kurz gesagt, die gesamte Welt der Geschichte. Der Mensch erschafft diese geschichtliche Welt kraft einer Tätigkeit, die in allen Lebewesen zu finden ist, die sogar die Grundlage allen organischen Lebens bildet und die danach strebt, sich die Außenwelt anzueignen und gemäß den Bedürfnissen eines jeden umzugestalten – folglich eine instinktive und unvermeidbare Tätigkeit, die jedem Denken vorausgeht, aber, erleuchtet durch

---

* Vielen Anhängern des modernen Naturalismus[44] oder Materialismus kann man das nicht oft genug sagen. Weil der Mensch sich in unseren Tagen voll und ganz auf seine Verwandtschaft mit allen anderen Lebewesen und seine unmittelbare und direkte Abstammung von der Erde besonnen und den absurden und eitlen Prahlereien eines Spiritualismus abgeschworen hat, der unter dem Vorwand, ihm absolute Freiheit zu schenken, ihn zu ewiger Sklaverei verurteilte, bilden sie sich ein, das würde ihnen das Recht geben, auf jeden menschlichen Respekt zu verzichten. Man könnte diese Leute mit Lakaien vergleichen, die, sobald sie die plebejische Herkunft eines Menschen entdecken, der sie durch seine natürliche Würde beeindruckt hat, meinen, ihn wie ihresgleichen behandeln zu können, und zwar aus dem einfachen Grund, weil sie keine andere Würde kennen als die, die in ihren Augen eine aristokratische Geburt verschafft. Andere sind so glücklich über die Entdeckung, daß Mensch und Gorilla verwandt sind, daß sie ersteren am liebsten für immer als Tier sehen würden und nicht begreifen wollen, daß seine ganze historische Mission, seine ganze Würde und seine ganze Freiheit darin bestehen, diesen Zustand hinter sich zu lassen.

die Vernunft des Menschen und gelenkt durch seinen bewußten Willen, sich in ihm und für ihn in *intelligente und freie Arbeit* verwandelt.

Einzig und allein durch das Denken gelangt der Mensch zum Bewußtsein seiner Freiheit in dieser natürlichen Umgebung, deren Geschöpf er ist. Aber nur durch *die Arbeit* verwirklicht er sie auch. Wir haben darauf hingewiesen, daß die Tätigkeit, die wir Arbeit nennen, also *die allmähliche Umwandlung der Erdoberfläche durch die physische Kraft jedes Lebewesens gemäß seinen Bedürfnissen*, auf allen Stufen des organischen Lebens mehr oder minder hoch entwickelt ist. Aber sie beginnt erst dann, zur *eigentlich menschlichen Arbeit* zu werden, wenn sie, unter Anleitung der Intelligenz des Menschen und seines bewußten Willens, nicht mehr nur der Befriedigung der festen und unveränderlichen Bedürfnisse des rein tierischen Lebens dient, sondern auch der *des denkenden Wesens, das seine Menschlichkeit erringt, indem es seine Freiheit in der Welt behauptet und verwirklicht.*

Die Erfüllung dieser unermeßlichen, nie endenden Aufgabe ist nicht nur ein Werk geistiger und moralischer Entwicklung, sondern zugleich ein Werk materieller Befreiung. Der Mensch wird erst wirklich zum Menschen, erlangt erst dann die Möglichkeit seiner Entwicklung und inneren Vervollkommnung, wenn er, wenigstens in einem gewissen Maße, die Sklavenketten zerbrochen hat, die die Natur all ihren Geschöpfen anlegt. Diese Ketten sind der Hunger, Entbehrungen aller Art, der Schmerz, der Einfluß der Witterung, der Jahreszeiten und allgemein die tausend Umstände des tierischen Lebens, die den Menschen in einer nahezu absoluten Abhängigkeit von der Welt um ihn herum erhalten. Die dauernden Gefahren, die ihn in Gestalt von Naturerscheinungen allseits bedrohen und unterdrücken: diese ständige Furcht, die jedes Tier in seinem tiefsten Innern fühlt und die noch den Wilden, den Naturmenschen, in einem Maße beherrscht, daß er in sich selbst kein Mittel findet, um ihr zu widerstehen und sie zu bekämpfen … kurzum, es sind alle Voraussetzungen der vollkommensten Sklaverei gegeben. Der erste Schritt, den der Mensch unternimmt, um sich aus dieser Sklaverei zu befreien, besteht, wie gesagt, in jenem geistigen Akt der Abstraktion, durch welchen er sich innerlich über die ihn umgebenden Dinge erhebt, was ihn befähigt, deren Beziehungen und Gesetze zu erforschen. Aber der zweite Schritt ist ein notwendig materieller, vom Willen geleiteter, von der mehr oder minder gründlichen Kenntnis der Außenwelt bestimmter Akt: Er besteht darin, daß der Mensch seine Muskelkraft anwendet, um die Welt gemäß seinen wachsenden Bedürfnissen umzugestalten. Dieser Kampf des Menschen, des intelligenten Arbeiters, gegen die Mutter Natur, ist keineswegs eine Auflehnung gegen sie oder irgendeines ihrer Gesetze. Er bedient sich der Kenntnisse, die er über sie gewonnen hat, nur, um seine Kräfte zu vergrößern und sich zu wappnen gegen plötzliche Überfälle, unerwartete Katastrophen sowie gegen die regelmäßig wiederkehrenden Erscheinungen der physischen Welt. Und nur durch die Kenntnis und sorgfältigste Beachtung der Naturgesetze ist es ihm möglich, sie seinerseits zu beherrschen, sie seinen Plänen dienstbar zu machen und die Erdoberfläche in einen Lebensraum zu verwandeln, der die Entwicklungen der Menschheit zunehmend begünstigt.

Dieses Abstraktionsvermögen, Quelle all unserer Kenntnisse und all unserer Ideen, ist folglich auch, wie man sieht, die einzige Ursache aller menschlichen Emanzipationen. Aber das erste Erwachen dieser Fähigkeit, die nichts anderes ist als die Vernunft, führt nicht unmittelbar zur Freiheit. Wenn sie beginnt, sich im Menschen zu regen, und langsam den tierischen Instinkten entwächst, äußert sie sich zunächst nicht in Form systematischer Reflexion, die sich ihres eigenen Vorgehens bewußt ist, sondern in der einer *phantasierenden Reflexion* oder Unvernunft, und als solche befreit sie den Menschen zwar allmählich aus der Sklaverei der Natur, die ihn in seinen Kindertagen gefangenhielt, aber nur, um ihm sogleich die Last einer noch tausend Mal härteren und schrecklicheren Sklaverei aufzubürden – die Last der Religion.

Diese phantasierende Reflexion des Menschen verwandelt den Naturkult, dessen Elemente und Spuren wir bei allen Tieren wiedergefunden haben, in einen menschlichen Kult, der die Grundform des Fetischismus annimmt. Wir haben zwar darauf hingewiesen, daß Tiere instinktiv die großen Naturerscheinungen verehren, die tatsächlich einen unmittelbaren und machtvollen Einfluß auf ihre Existenz ausüben, aber wir haben niemals von Tieren gehört, die ein harmlosen Stück Holz oder Stoff, einen Knochen oder einen Stein anbeten – während wir diesen Kult in der primitiven Religion der Wilden und noch im Katholizismus antreffen. Wie erklärt sich diese scheinbar widersinnige Tatsache, daß der Mensch, dem gesunden Menschenverstand und dem Realitätssinn nach zu urteilen, noch unter den einfachsten Tieren steht?

Diese Absurdität ist das Produkt der phantasierenden Reflexion des Wilden. Er spürt nicht nur die Allmacht der Natur wie die anderen Lebewesen, er macht sie auch zum Gegenstand seiner beständigen Reflexion, er hält sie fest und verallgemeinert sie, indem er ihr irgendeinen Namen gibt, er macht sie zum Mittelpunkt seiner kindlichen Phantasien. Da er noch nicht fähig ist, mit seinem schwachen Verstand das Universum zu erfassen, selbst den Erdball nicht, ja nicht einmal seine unmittelbare Umgebung, in die er hineingeboren wurde und in der er lebt, sucht er überall nach dem Sitz dieser Allmacht, von der er nunmehr eine feste gedankliche Vorstellung hat, die ihn nicht mehr losläßt – und durch ein Spiel, eine Beobachtung seiner unwissenden Phantasie, die zu erklären uns heute schwerfiele, verbindet er sie mit diesem Stück Holz oder Stoff, diesem Stein ... Das ist der religiöse Fetischismus im Reinzustand, das heißt, die absurdeste aller Religionen.

Nach und häufig mit dem Fetischismus kommt der *Hexerkult*. Dieser Kult ist, wenn auch nicht viel rationaler, so doch zumindest natürlicher und überrascht uns weniger als der reine Fetischismus, weil wir daran gewöhnt sind, noch heute von Hexern umgeben zu sein: den Spiritisten, den Geister-

und Hellsehern mit ihren Magnetiseuren, und selbst von den Priestern der römisch-katholischen wie auch der griechisch-orthodoxen Kirche, die behaupten, die Macht zu besitzen, den lieben Gott mittels gewisser Geheimformeln dazu zwingen zu können, über den Wassern zu schweben oder sich gar in Brot und Wein zu verwandeln – all diese *Bezwinger* der Gottheit, die ihren Zauberkräften unterworfen ist, sind sie nicht allesamt Hexer? Allerdings hat ihre Gottheit eine Entwicklung von mehreren tausend Jahren hinter sich und ist deshalb viel komplizierter als die der primitiven Hexerei, die zunächst keinen anderen Gegenstand hat als die bereits gefestigte, aber noch unbestimmte Vorstellung der Allmacht, ohne weitere geistige oder moralische Eigenschaft. Die Unterscheidung von gut und böse, von gerecht und ungerecht ist ihr noch unbekannt. Man weiß nicht, was sie liebt, was sie verabscheut, was sie will und was sie nicht will. Sie ist weder gut noch schlecht – sie ist einfach Allmacht. Dennoch beginnt sich das göttliche Wesen bereits abzuzeichnen. Sie ist egoistisch und eitel, sie liebt Komplimente und Kniefälle, die Erniedrigung und Opferung der Menschen, ihre Anbetung und ihre Hingabe – und alle, die sich ihr nicht unterwerfen wollen, werden grausam verfolgt und bestraft: die Rebellen, die Hochmütigen, die Gottlosen. Das ist bekanntlich das innerste Wesen der göttlichen Natur in allen Göttern, alten und neuen, die menschliche Unvernunft erschuf. Hat es je auf der Welt ein so furchtbar eifersüchtiges, eitles, egoistisches, blutrünstiges Wesen gegeben wie den Jehowa der Juden oder den christlichen Gottvater?

Im Kult der primitiven Hexerei erschien die Gottheit oder jene unbestimmte Allmacht zunächst als untrennbar von der Person des Hexers: Er selbst ist Gott, wie der Fetisch. Aber auf die Dauer überfordert die Rolle des Überirdischen, des Gottes in Menschengestalt, jeden Menschen aus Fleisch und Blut – vor allem einen Wilden, der noch keinerlei Mittel hat, sich vor der Zudringlichkeit seiner Gläubigen zu schützen und von morgens bis abends ihren Nachstellungen ausgesetzt bleibt.

Der gesunde Menschenverstand, der praktische Geist eines wilden Stammes, der sich parallel zu seiner religiösen Phantasie weiterentwickelt, führt ihm schließlich und endlich die Unmöglichkeit vor Augen, daß ein Mensch, der mit allen menschlichen Schwächen und Gebrechen behaftet ist, ein Gott sein kann. Der Hexer bleibt für ihn ein übernatürliches Wesen, aber nur dann, wenn er besessen ist. Aber besessen von wem? Von der Allmacht, von Gott … Somit befindet sich die Gottheit gewöhnlich außerhalb des Hexers. Wo soll man sie suchen? Der Fetisch, der Ding-Gott, ist überwunden, der Hexer, der Gott-Mensch, ebenfalls. All diese Wandlungen müssen, in primitiven Zeiten, Jahrhunderte gedauert haben. Der bereits weiterentwickelte, mit der Erfahrung und Tradition mehrerer Jahrhunderte ausgestattete Wilde, sucht also die Gottheit fern von sich, aber immer noch in real existierenden Wesen: in der Sonne, dem Mond, den Gestirnen. Das religiöse Denken beginnt bereits, das Universum zu erfassen.

Wie gesagt, der Mensch konnte diesen Punkt erst nach einer langen Reihe von Jahrhunderten erreichen. Sein Abstraktionsvermögen, seine Vernunft haben sich bereits entwickelt, gefestigt und in der praktischen Erkenntnis der ihn umgebenden Dinge und der Beobachtung ihrer Beziehungen und Wechselwirkungen bewährt, während die regelmäßige Wiederkehr bestimmter Erscheinungen ihm eine erste Ahnung von manchen Naturgesetzen verschafft hat. Er beginnt, sich über die Gesamtheit der Erscheinungen und ihrer Ursachen Gedanken zu machen. Er sucht sie. Gleichzeitig beginnt er, sich selbst zu erkennen, und dank derselben Abstraktionskraft, die ihn befähigt, sich in seinem Innern, durch das Denken, über sich selbst zu erheben und sich zum Gegenstand seiner eigenen Reflexion zu machen, beginnt er, sein materielles, leibliches Wesen von seinem denkenden Wesen, sein Äußeres von seinem Innern, seinen Körper von seiner Seele zu trennen. Doch sobald diese Unterscheidung für ihn eine gesicherte und feststehende Tatsache ist, überträgt er sie selbstverständlich und zwangsläufig auf seinen Gott, er beginnt, nach der unsichtbaren Seele dieses sichtbaren Universums zu suchen. So muß der religiöse Pantheismus[45] der Inder entstanden sein.

An diesem Punkt müssen wir einhalten, denn hier beginnt erst die Religion im eigentlichen Sinne des Wortes und mit ihr die Theologie und die Metaphysik. Bis dahin hat die religiöse Phantasie des Menschen, besessen von der festen Vorstellung der Allmacht, den natürlichen Weg der experimentellen Erforschung beschritten und die Ursache und Quelle dieser Allmacht zuerst in den nächstgelegenen Objekten, den Fetischen, gesucht, sodann in den Hexern, später in den großen Naturerscheinungen und schließlich in den Gestirnen, hat sie aber stets mit irgendeinem realen und sichtbaren Objekt verbunden, so fern es auch war. Nunmehr geht der Mensch von der Existenz eines geistigen, außerweltlichen, unsichtbaren Gottes aus. Andererseits waren seine Götter bis dahin begrenzte Einzelwesen, unter zahlreichen anderen, nicht-göttlichen, nicht-allmächtigen, aber nicht minder realen Wesen. Nunmehr postuliert er zum ersten Mal eine universelle Gottheit: das Wesen aller Wesen, Substanz und Schöpfer all dieser begrenzten Einzelwesen – allumfassende Seele des ganzen Universums, der All-Einheit. Hier beginnt also der wahre Gott und mit ihm die wahre Religion.

Wir müssen nunmehr untersuchen, auf welchem Weg der Mensch zu diesem Resultat gelangt ist, um das wahre Wesen der Gottheit in seinem geschichtlichen Ursprung zu erkennen.

Alles läuft auf die eine Frage hinaus: Wie entstehen im Menschen die Vorstellung des Universums und die Idee seiner Einheit? Beginnen wir zunächst damit, daß es für das Tier keine Vorstellung des Universums geben kann – denn es handelt sich um kein Objekt, das den Sinnen unmittelbar gegeben ist, so wie alle realen Objekte, ob groß oder klein, die es von nah oder fern umgeben – , das Universum ist vielmehr eine abstrakte Erscheinung, die folglich auch nur für das Abstraktionsvermögen existieren kann, das heißt, allein für den

Menschen. Untersuchen wir also, auf welche Weise es sich im Menschen herausbildet. Der Mensch sieht sich von äußeren Objekten umgeben: Er ist sich selbst, als lebendiger Körper, Gegenstand seines eigenen Denkens. Alle diese Objekte, die er langsam und allmählich kennenlernt, befinden sich untereinander in regelmäßigen, wechselseitigen Beziehungen, was er ebenfalls mehr oder weniger deutlich erkennt. Doch ungeachtet dieser Beziehungen, die diese Objekte einander annähern, ohne sie zu vereinen oder zu einem einzigen zu verschmelzen, bleiben sie einander äußerlich. Die Außenwelt bietet also dem Menschen nichts als eine unübersehbare Vielfalt getrennter und verschiedener Objekte, Ereignisse und Beziehungen, ohne den geringsten Anschein von Einheit – es ist ein unbestimmtes Nebeneinander, kein Ganzes. Woher stammt dieses Ganze? Es liegt im Denken des Menschen. Der menschliche Verstand verfügt über jenes Abstraktionsvermögen, das ihn befähigt, erst eine Reihe von Objekten, eines nach dem anderen, eingehend zu prüfen und getrennt zu untersuchen, um sie anschließend blitzschnell zu einer einzigen Vorstellung zusammenzufassen und zu ein und demselben Gedanken zu verbinden. Es ist also das Denken des Menschen, das die Einheit erzeugt und sie auf die Vielfalt der Außenwelt überträgt.

Daraus folgt, daß diese Einheit keine konkrete und reale Erscheinung ist, sondern eine abstrakte – ein reines Produkt des menschliches Abstraktionsvermögens. Wir sagen: *Abstraktions*vermögen, denn um so viele verschiedene Objekte zu einer einzigen Vorstellung zu verbinden, muß unser Denken von allem abstrahieren, was ihren Unterschied ausmacht, das heißt von ihrer getrennten und realen Existenz, und nur das zurückbehalten, was ihnen gemeinsam ist. Daraus folgt: Je mehr Objekte eine von uns gedachte Einheit umfaßt, desto höher steigt sie empor, und je mehr das abnimmt, was sie an Gemeinsamem zurückbehält und was ihre positive Bestimmung, ihren Inhalt bildet – desto abstrakter und realitätsloser wird sie. Das Leben in all seiner flüchtigen Pracht und Fülle befindet sich unten, in der Vielfalt – der Tod in seiner ewigen und erhabenen Eintönigkeit befindet sich oben, in der Einheit. Steigen Sie immer höher und höher, vermittels eben dieser Abstraktionskraft, überwinden Sie die irdische Welt, erfassen Sie in einem einzigen Gedanken die Sonnenwelt, stellen Sie sich diese erhabene Einheit vor: Was bleibt Ihnen dann noch, um sie auszufüllen? Der Wilde wäre wohl um eine Antwort auf diese Frage verlegen gewesen. Aber wir wollen sie für ihn beantworten: Es bleibt die Materie, zusammen mit dem, was wir Abstraktionskraft nennen, die sich wandelnde Materie mit ihren verschiedenen Phänomenen, dem Licht, der Wärme, der Elektrizität und dem Magnetismus, die, wie wir heute wissen, nur unterschiedliche Erscheinungen ein und derselben Sache sind. Wenn Sie aber, kraft dieses Abstraktionsvermögens, das vor keiner Grenze Halt macht, noch höher steigen, über Ihr Sonnensystem hinaus, und in Ihrem Denken nicht nur die Millionen Sonnen, die wir am Firmament funkeln sehen, vereinen, sondern noch eine unendliche Zahl weiterer Sonnensysteme, die wir nicht sehen und niemals sehen werden, deren Existenz wir aber vermuten, da unser Denken, eben weil seinem Abstraktionsvermögen keine Grenzen mehr gesetzt sind, sich weigert zu glauben, daß das Universum, das heißt, die Gesamtheit aller existierenden Welten, eine Grenze oder ein Ende haben könne – und wenn Sie dann, immer noch durch unser Denken, von der besonderen Existenz jeder dieser existierenden Welten abstrahieren und versuchen, sich die Einheit dieses unendlichen Universums vorzustellen – was bleibt Ihnen da, um diese Einheit zu bestimmen und sie auszufüllen? Ein einziges Wort, eine einzige Abstraktion: das *unbestimmte Wesen*, das heißt, die Erstarrung, die Leere, das absolute Nichts – Gott.

Gott ist folglich das absolute Abstraktum, vom menschlichen Denken selbst erschaffen, das, nachdem es, als Abstraktionsvermögen, alle bekannten Wesen, alle existierenden Welten überwunden, sich dadurch von jedem realen Inhalt befreit hat und dahin gelangt ist, nur noch die absolute Welt zu sein, sich selbst gegenübersteht, ohne sich indes in dieser erhabenen Blöße zu erkennen – als das *einzige und höchste Wesen.*

Man könnte uns vorwerfen, daß wir, nachdem wir auf den vorherigen Seiten die *reale Einheit des Universums* behauptet und sie als universelle Solidarität oder Kausalität und als einzige, alle Dinge beherrschende und von allen Lebewesen mehr oder weniger stark empfundene Allmacht definiert haben, nunmehr den Eindruck erwecken, als wollten wir sie verneinen. Aber wir verneinen sie keineswegs, wir behaupten bloß, daß es zwischen der wirklichen universellen Einheit und der durch Abstraktion, durch religiöse oder philosophische Metaphysik, angestrebten oder erschaffenen idealen Einheit keine Gemeinsamkeit gibt. Wir haben erstere als die unendliche Summe der Wesen definiert, oder vielmehr, als die Summe der unaufhörlichen Verwandlungen aller realen Wesen oder die ihrer ständigen Wirkungen und Gegenwirkungen, die durch Verbindung zu einer einzigen Bewegung, wie wir sagten, das bilden, was man universelle Solidarität oder Kausalität nennt, und wir haben hinzugefügt, daß wir diese Solidarität nicht als eine absolute und erste Ursache verstehen, sondern ganz im Gegenteil, als eine *Resultante,* die durch die gleichzeitige Wirkung aller einzelnen Ursachen – jene Wirkung stellt eben die *universelle Kausalität* dar – stets neu hervorgebracht wird, stets Schöpferin und Erschaffenes zugleich ist. Dieser Bestimmung gemäß, hatten wir geglaubt, sagen zu können, ohne ein weiteres Mißverständnis befürchten zu müssen, daß diese universelle Kausalität zur Schöpfung der Welten führt, und obwohl wir darauf bedacht waren hinzuzufügen, daß sie dies tut, ohne daß es ihrerseits irgendeine gedankliche Vorwegnahme, einen Plan, einen Vorsatz oder eine mögliche Vorherbestimmung geben könne – da sie selbst außerhalb ihres unaufhörlichen Vollzugs keinerlei vorgegebene oder getrennte Existenz hat und nichts als absolute Resultante ist – , erkennen wir nunmehr an, daß der Ausdruck Schöpfung weder glücklich gewählt noch passend ist und daß er trotz der hinzugefügten Erklärungen immer noch Anlaß zu Mißverständnissen geben kann – so sehr sind wir gewohnt, mit diesem Wort: *Schöpfung* die Idee eines seiner selbst bewußten und von seinem Werk getrennten Schöpfers zu verbinden. Wir hätten sagen sollen, daß jede Welt, jedes Wesen unbewußt und unabsichtlich erzeugt wird, entsteht, sich entwikkelt, lebt und stirbt, indem es sich in ein neues Wesen verwandelt, mitten unter dem allmächtigen, absoluten Einfluß der universellen Solidarität – und deshalb werden wir jetzt, um unseren Gedanken noch klarer zu formulieren, hinzufügen, daß die *wirkliche Einheit des Universums* nichts anderes ist als die *absolute Solidarität und Unendlichkeit seiner realen Verwandlungen – denn die unaufhörliche Verwandlung jedes Einzelwesens stellt die wahre, die einzige Realität eines jeden dar, da das ganze Universum nur eine Geschichte ohne Grenzen, ohne Anfang und ohne Ende ist.*

Die Details sind von unendlicher Zahl. Es wird dem Menschen niemals vergönnt sein, mehr als einen unendlich kleinen Teil davon zu kennen. Unser Sternenhimmel mit seiner Vielzahl von Sonnen ist nur ein kaum wahrnehmbarer Punkt in der unermeßliche Weite des Raumes, und obwohl wir ihn mit dem Blick umfassen, wird es immer so sein, daß wir fast nichts über ihn wissen. Wir werden uns wohl oder übel damit begnügen müssen, ein wenig über unser eigenes Sonnensystem zu erfahren, von dem wir vermuten dürfen, daß es sich in vollkommener Harmonie mit dem Rest des Universums befindet, denn gäbe es diese Harmonie nicht, müßte sie sich entweder noch einstellen oder unsere Sonnenwelt würde zugrunde gehen. Über letztere wissen wir unter dem Gesichtspunkt der Himmelsmechanik schon recht gut Bescheid, und wir haben begonnen, in physikalischer, chemischer, sogar geologischer Hinsicht einiges über sie in Erfahrung zu bringen. Aber unsere Wissenschaft wird schwerlich weit darüber hinausgelangen. Wollen wir ein konkreteres Wissen, müssen wir uns an unseren Erdball halten. Wir wissen, daß er vor langer Zeit entstanden ist, doch vermutlich werden wir nie erfahren, wieviele Jahrhunderte bis zu seinem Untergang vergehen werden – wie alles Seiende entsteht und vergeht, oder vielmehr, sich verwandelt.

Wie hat unser Erdball, zunächst glühend heiße, gasförmige Materie, viel leichter als Luft, sich verdichtet, sich abgekühlt, feste Gestalt angenommen, welche endlos lange Reihe geologischer Evolutionen mußte er durchlaufen, bevor er an seiner Oberfläche all den unerschöpflichen Reichtum des organischen Lebens hervorbringen konnte, von der ersten und einfachsten Zelle bis zum Menschen? Wie hat er sich verwandelt und wie entwickelt er sich weiter in der geschichtlichen Welt der menschlichen Gesellschaft? Auf welches Ziel bewegen wir uns zu, unter diesem erhabenen und unerbittlichen Gesetz nimmer endender Verwandlung?

Das sind die einzigen Fragen, die uns zugänglich sind, die einzigen, die vom Menschen wirklich gestellt, im Detail untersucht und gelöst werden können und müssen. Obwohl sie, wie wir bereits gesagt haben, nur einen kaum wahrnehmbaren Punkt innerhalb der grenzenlosen und unlösbaren Frage des Universums bilden, beinhalten sie für unseren Geist dennoch eine wirklich unendliche Welt – nicht im göttlichen, das heißt im abstrakten Sinne des Wortes, nicht als von der religiösen Abstraktion geschaffenes höchstes Wesen – , sondern vielmehr unendlich durch den Reichtum seiner Details, den keine Beobachtung und keine Wissenschaft jemals wird ausschöpfen können.

Und um *diese* Welt zu erkennen, *unsere* unendliche Welt, genügt die bloße Abstraktion nicht. Sie würde uns nur wieder zu Gott, zum höchsten Wesen, ins Nichts führen. Doch während er gleichwohl von diesem Abstraktionsvermögen Gebrauch macht, ohne das wir niemals von einer Ordnung niederer Dinge zu einer Ordnung höherer Dinge emporsteigen und folglich auch die natürliche Rangfolge der Wesen nicht verstehen könnten, muß sich unser Geist mit Ehrfurcht und Liebe in das gründliche Studium der Details und der unendlich kleinen Größen vertiefen, ohne die wir die lebendige Realität der Wesen niemals begreifen würden. So können wir uns nur durch die Verbindung dieser beiden Fähigkeiten, dieser beiden scheinbar so gegensätzlichen Bestrebungen: der Abstraktion und der aufmerksamen, gewissenhaften und geduldigen Analyse aller Details zum wirklichen Verständnis *unserer nicht äußerlich, sondern innerlich unendlichen Welt* emporarbeiten und uns eine hinlängliche Vorstellung von *unserem Universum* machen – unserem Erdball, oder, wenn Sie wollen, auch unserem Sonnensystem. Es ist also offenkundig, daß, wenn unser Gefühl und unsere Phantasie uns ein Bild, eine zwangsläufig mehr oder weniger verfälschte Vorstellung dieser Welt zu geben vermögen, wenn sie uns sogar durch eine Art Eingebung einen Hauch, eine entfernte Andeutung von Wahrheit erahnen lassen können, es doch allein die Wissenschaft ist, die uns den Zugang zur reinen und vollen Wahrheit verschafft.

Was also hat es auf sich mit dieser unbezwingbaren Neugier, die den Menschen dazu drängt, die ihn umgebende Welt zu erforschen, mit unermüdlicher Leidenschaft den Geheimnissen der Natur nachzuspüren, deren letztes und vollkommenstes Geschöpf auf dieser Erde er selbst ist? Ist diese Neugier bloßer Luxus, ein angenehmer Zeitvertreib oder eines der vordringlichsten Bedürfnisse seines Wesens? Wir behaupten rundheraus, daß von allen Bedürfnissen, die zu seinem Wesen gehören, dieses das menschlichste ist und daß er erst durch diese unstillbare Wißbegierde wirklich zum Menschen wird, sich erst wahrhaft von allen Tieren unterscheidet. Um sich in der Fülle seines Wesens zu verwirklichen, haben wir gesagt, muß der Mensch sich erkennen, und er wird sich niemals wirklich erkennen, solange er nicht die Natur, die ihn umgibt und deren Geschöpf er ist, erkannt hat. Will er nicht auf seine Menschlichkeit verzichten, muß der Mensch Kenntnisse erlangen, er muß durch sein Denken in die ganze sichtbare Welt eindringen und ohne Hoffnung, jemals den Grund erreichen zu können, die Einsicht in ihre Zusammenhänge und Gesetze immer weiter vertiefen, denn unsere Menschlichkeit ist nur um diesen Preis zu haben. Er muß alle ihre niederen Regionen erforschen, Vergangenes und Gegenwärtiges, alle mechanischen, physikalischen, chemischen, geologischen, organischen Evolutionen, auf allen Entwicklungsstufen des pflanzlichen und tierischen Lebens – das heißt, alle Ursachen und Bedingungen seiner eigenen Entstehung und seiner Existenz, damit er sein eigenes Wesen und seine Mission auf dieser Erde – seiner einzigen Heimat und Wirkungsstätte – verstehen und in dieser Welt des blinden Schicksals das Reich der Freiheit einläuten kann.

Das ist die Aufgabe des Menschen: Sie ist unerschöpflich, sie ist unendlich und mag wohl ausreichen, um die ehrgeizigsten Gemüter zufriedenzustellen. Als unscheinbares, schnell vergängliches Wesen inmitten des uferlosen Ozeans der universellen Verwandlung, mit einer unerforschten Ewigkeit hinter sich und einer unbekannten Ewigkeit vor sich, bleibt der denkende Mensch, der tätige Mensch, der seiner menschlichen Mission bewußte Mensch stolz und gelassen im Gefühl seiner Freiheit, die er sich selbst erwirbt, indem er die Welt um sich herum aufklärt, ihr beisteht, sie emanzipiert, sie wenn nötig in Aufruhr versetzt. Das ist sein Trost, sein Lohn und sein einziges Paradies. Wenn Sie ihn schließlich nach seiner innersten Überzeugung und seinem letzten Wort über die wirkliche Einheit des Universum fragen, wird er Ihnen sagen, daß es die *ewige und allumfassende Verwandlung* ist, eine Bewegung ohne Anfang, ohne Grenzen und ohne Ende. Also das absolute Gegenteil jeder Vorsehung – die Negation Gottes.

In allen Religionen, die die Welt unter sich aufteilen und eine halbwegs entwickelte Theologie besitzen – jedoch mit Ausnahme des Buddhismus, dessen seltsame und im übrigen von seinen Hunderten von Millionen Anhängern vollkommen unverstandene Glaubenslehre eine Religion ohne Gott begründet – , in allen Systemen der Metaphysik erscheint uns Gott vor allem als ein höchstes, seit Ewigkeit bestehendes und vorherbestimmendes Wesen, welches das jeder Existenz vorausgehende und sie erzeugende Denken und Wollen in sich enthält und verkörpert: ewige Quelle und Ursache aller

Schöpfung, unwandelbar und stets mit sich selbst identisch in der universellen Bewegung der erschaffenen Welten. Wie wir gesehen haben, befindet sich dieser Gott nicht im wirklichen Universum, zumindest nicht in dem Teil des Universums, der dem Menschen zugänglich ist. Da er ihm folglich nicht außerhalb seiner selbst begegnen konnte, mußte der Mensch ihn in sich selbst finden. Wie hat er ihn gesucht? Indem er von allen lebendigen und wirklichen Dingen, von allen sichtbaren und bekannten Welten abstrahierte. Allerdings haben wir gesehen, daß am Ende dieser öden Wegstrecke das menschliche Abstraktionsvermögen nur noch auf ein einziges Objekt trifft: sich selbst, aber allen Inhalts entleert, jeder Bewegung beraubt – es selbst als Abstraktion, als absolut erstarrtes, absolut leeres Wesen. Wir würden es das absolute Nichts nennen. Doch die religiöse Phantasie sagt: das höchste Wesen – Gott.

Wie wir im übrigen bereits erwähnt haben, wird das menschliche Abstraktionsvermögen dazu verleitet, indem es sich ein Beispiel nimmt an dem Unterschied oder sogar Gegensatz, den die bereits bis zu diesem Punkt gelangte Reflexion zwischen dem Äußeren des Menschen, seinem Körper – und seiner Innenwelt, einschließlich seinem Denken und Wollen, der menschlichen Seele, aufzurichten beginnt. Natürlich weiß der gläubige Mensch nicht, daß die Seele nichts anderes ist als das Produkt und der letzte, stets erneuerte Ausdruck des menschlichen Organismus. Aus der Beobachtung, daß im alltäglichen Leben der Körper stets den Eingebungen des Denkens und Wollens zu gehorchen scheint, zieht es vielmehr den Schluß, daß die Seele, wenn nicht Schöpferin, doch zumindest Gebieterin des Körpers sei, der folglich keine andere Aufgabe hätte, als ihr zu dienen und sie zu offenbaren. Also macht der religiöse Mensch – sobald sein Abstraktionsvermögen auf die beschriebene Weise zum Verständnis des höchsten und universellen Wesens gelangt ist, das, wie bewiesen, nichts anderes ist, als das sich zum Objekt seiner selbst erhebende Abstraktionsvermögen – aus ihr ganz selbstverständlich die Seele des ganzen Universums – Gott.

So tauchte zum ersten Mal in der Geschichte der wahre Gott auf – das ewige, unwandelbare, universelle Wesen, Produkt des Zusammenwirkens von religiöser Phantasie und menschlichem Abstraktionsvermögen. Doch sobald dieser Gott als solcher erkannt und vorausgesetzt war, begann der Mensch, in Unkenntnis oder vielmehr in Verkennung seiner eigenen geistigen Tätigkeit, die diesen erst hervorgebracht hatte, und weil er sich in seiner eigenen Schöpfung: dem *universellen Abstraktum* nicht mehr wiedererkannte, ihn anzubeten. Sogleich wechselten die Rollen: Das Erschaffene wurde zum vermeintlichen Schöpfer, und der wirkliche Schöpfer, der Mensch, nahm seinen Platz unter all den anderen unglücklichen Kreaturen ein, als armseliges, wenig bemerkenswertes Geschöpf unter vielen.

Ist Gott erst einmal vorausgesetzt, erklärt sich die ständige Weiterentwicklung der verschiedenen Theologien als natürliches Spiegelbild der geschichtlichen Entwicklung der Menschheit. Denn sobald sich die Idee eines außerordentlichen und höchsten Wesens der Phantasie des Menschen bemächtigt und sich in ihm als religiöse Überzeugung festgesetzt hat, so daß die Realität dieses Wesens ihm unzweifelhafter erscheint als die wirklichen Dinge, die er sieht und mit seinen Fingern berührt, wird diese Idee mit natürlicher Notwendigkeit zum Wesensgrund jeder menschlichen Existenz und verändert, durchdringt und beherrscht sie auf eine ausschließliche und absolute Weise. Das höchste Wesen erscheint sofort als absoluter Herr, als das Denken, das Wollen, die Quelle schlechthin – als der Schöpfer und Lenker aller Dinge. Nichts kann ihm mehr standhalten, alles muß vor seiner Gegenwart weichen: Die Wahrheit eines jeden Dinges liegt allein in ihm beschlossen, und jedes besondere Wesen, so mächtig es auch erscheinen mag, einschließlich dem Menschen selbst, kann künftig nur noch mit göttlicher Erlaubnis existieren – was übrigens völlig logisch ist, denn andernfalls wäre Gott nicht mehr das höchste, allmächtige, absolute Wesen, das heißt, er würde überhaupt nicht existieren.

Fortan schreibt der Mensch mit natürlicher Folgerichtigkeit Gott alle Eigenschaften, alle Kräfte, alle Tugenden zu, die er nach und nach, sei es an sich selbst, sei es außerhalb seiner selbst, entdeckt hat. Wir haben gesehen, daß Gott, zum höchsten Wesen erklärt, aber in Wirklichkeit nichts als das absolute Abstraktum, jegliche Bestimmung und jeglicher Inhalt absolut fehlt – er ist öde und leer wie das Nichts: Und als solches füllt und schmückt er sich mit allen Realitäten der bestehenden Welt, deren bloße Abstraktion er ist, als deren Herr und Meister er jedoch der religiösen Phantasie erscheint. Daraus folgt, daß Gott der absolute Räuber ist und daß der Himmel, Sitz der unsterblichen Götter – der Anthropomorphismus[46] gehört zum Wesen jeder Religion –, nur ein trügerischer Spiegel ist, der dem gläubigen Menschen das verkehrte und übersteigerte Bild seiner selbst vorhält.

Denn die Auswirkung der Religion besteht nicht allein darin, daß sie die Erde ihrer Reichtümer und natürlichen Kräfte beraubt und dem Menschen seine Fähigkeiten und Tugenden nimmt, um sie, kaum daß er sie in seiner geschichtlichen Entwicklung entdeckt hat, im Himmel in lauter Merkmale des göttlichen Wesens zu verwandeln. Durch diese Verwandlung wird auch die Natur dieser Kräfte und Eigenschaften von Grund auf verändert, verfälscht und verdorben und in eine Richtung gelenkt, die ihrer ursprünglichen diametral entgegengesetzt ist.

So wird die menschliche Vernunft, das einzige Organ, das wir besitzen, um die Wahrheit zu erkennen, durch ihre Verwandlung in göttliche Vernunft unverständlich für uns und erscheint dem Gläubigen zwangsläufig als Offenbarung des Absurden. So äußert sich die Ehrfurcht vor dem Himmel in der Verachtung für die Erde und die Verehrung der Gottheit in der Herabwürdigung der Menschheit. Die menschliche Liebe, dieses unermeßliche Band natürlicher Solidarität, das alle Individuen, alle Völker umspannt und die Freiheit und das Glück jedes einzelnen von der Freiheit und dem Glück aller anderen abhängig macht und die Menschen, allen Unterschieden der Rasse und Hautfarbe zum Trotz, früher oder später zu einer brüderlichen Gemeinschaft verbinden muß – diese Liebe wird, wenn sie sich in Liebe zu Gott und religiöse Nächstenliebe verwandelt, alsbald zu einer Geißel der Menschheit: Alles Blut, das seit Anbeginn der Geschichte im Namen der Religion vergossen wurde, die Millionen Menschen, die dem höchsten Ruhm der Götter geopfert wurden, legen davon Zeugnis ab ... Und schließlich kehrt selbst die Gerechtigkeit, diese zukünftige Mutter der Gleichheit, wenn die religiöse Phantasie sie erst einmal in himmlische Gefilde entrückt und in göttliche Gerechtigkeit verwandelt hat, alsbald in der theologischen Gestalt der Gnade auf die Erde zurück und verbreitet, da sie immer und überall für die Stärksten Partei ergreift, unter den Menschen nur noch Gewalt, Privilegien, Monopole und all die schändlichen, mit der Zeit zu historischem Recht gewordenen Ungleichheiten.

Wir wollen weder die historische Notwendigkeit der Religion abstreiten, noch behaupten, daß sie ein absolutes Übel in der Geschichte gewesen ist. Wenn es denn ein solches gibt, dann war und bleibt sie leider noch heute für die große Mehrheit der unwissenden Menschheit ein so unvermeidliches Übel, wie es die Schwächen und Irrtümer sind, mit denen die Entwicklung jeder menschlichen Fähigkeit beginnt. Die Religion, sagten wir, ist das erste Erwachen der menschlichen Vernunft in Gestalt der göttlichen Unvernunft. Sie ist der erste Schimmer der menschlichen Wahrheit durch den göttlichen Schleier der Lüge; die erste Äußerung der menschlichen Moral, der Gerechtigkeit und des Rechts inmitten der historischen Ungerechtigkeiten der göttlichen Gnade. Sie lehrt den Menschen erstmals die Freiheit, wenn auch unter dem beschwerlichen und erniedrigenden Joch der Gottheit, das er am Ende wird zerbrechen müssen, will er wahrhaftig die richtige Vernunft, die reine Wahrheit, die volle Gerechtigkeit und die wirkliche Freiheit erringen.

Durch die Religion streift der animalische Mensch seine Tiernatur ab und macht einen ersten Schritt in Richtung

Menschlichkeit. Aber solange er in der Religion befangen bleibt, wird er niemals sein Ziel erreichen, weil ihn jede Religion zum Absurden verdammt. Da sie seinen Schritten die falsche Richtung weist, begibt er sich auf die Suche nach dem Göttlichen anstatt nach dem Menschlichen. Durch die Religion geraten die Völker, kaum daß sie sich aus der Sklaverei der Natur befreit haben, der alle Tierarten unterliegen, in die neuerliche Sklaverei der Mächtigen und der durch göttliche Wahl privilegierten Kasten.

Bekanntlich besteht eines der Wesensmerkmale der unsterblichen Götter darin, die Gesetzgeber der menschlichen Gesellschaft und Gründer des Staates zu sein. Der Mensch, behaupten nahezu alle Religionen, sei unfähig, gut und böse, gerecht und ungerecht zu unterscheiden, so daß die Gottheit selbst, in der einen oder anderen Weise, auf die Erde habe herabsteigen müssen, um es ihn zu lehren und der menschlichen Gesellschaft eine politische und rechtliche Ordnung zu geben. Daraus ergibt sich natürlich die zwingende Schlußfolgerung, daß allen Gesetzen und allen bestehenden Mächten, da sie den Segen des Himmels haben, immerwährender und wenn nötig blinder Gehorsam zu leisten ist.

Das ist sehr praktisch für die Regierenden und sehr unpraktisch für die Regierten. Und da wir zu letzteren zählen, liegt es in unserem ureigensten Interesse, die Gültigkeit dieser uralten Behauptung, die uns alle zu Sklaven gemacht hat, genauestens zu untersuchen, um das Mittel zu finden, um uns von ihrem Joch zu befreien.

Unser Problem hat sich nunmehr ungemein vereinfacht: Gott ist nichts oder nichts anderes als unser Abstraktionsvermögen, das mit dem religiösen Gefühl, einem Überbleibsel unserer animalischen Herkunft, in ursprünglicher Verbindung steht. Gott ist nur ein universelles Abstraktum, unfähig, aus eigenem Antrieb zu handeln: das als höchstes Wesen gedachte und allein von der religiösen Phantasie in Bewegung gesetzte absolute Nichts. Da Gott, selbst absolut inhaltsleer, alle Realitäten der Erde aufgesogen und dem Menschen nur in entstellter, verdorbener, göttlicher Form zurückgibt, was er ihm zuvor genommen hat, kann Gott weder gut noch böse, weder gerecht noch ungerecht sein. Er kann nichts wollen, nichts bewirken, denn in Wirklichkeit ist er nichts und wird zum Ganzen nur aufgrund der religiösen Gutgläubigkeit. Wenn also die religiöse Gutgläubigkeit in Gott die Ideen der Gerechtigkeit und des Guten gefunden hat, muß sie selbst ihm diese unwissentlich verliehen haben. Sie gab – während sie glaubte zu empfangen. Aber um diese Ideen Gott zu verleihen, muß der Mensch sie zuvor gehabt haben! Wo hat er sie gefunden? Notgedrungen in sich selbst. Aber alles, was er hat, verdankt er zunächst seiner Animalität – sein Geist ist nichts als die Erläuterung, die Sprache seiner Tiernatur. Folglich müssen die Ideen des Gerechten und des Guten, wie alles Menschliche, ihre Wurzel in der Animalität des Menschen haben.

Und tatsächlich finden wir die Anlagen zu dem, was wir *Moral* nennen, bereits in der Tierwelt. Erkennen wir nicht in ausnahmslos allen Tierarten, wenn auch sehr unterschiedlich entwickelt, zwei gegensätzliche Instinkte: den der Selbsterhaltung des Individuums und den der Arterhaltung oder, menschlich ausgedrückt, *den egoistischen* und *den sozialen Instinkt*. Vom Standpunkt der Wissenschaft, wie auch von dem der Natur selbst, sind beide Instinkte gleichermaßen natürlich und folglich legitim und mehr noch gleichermaßen notwendig für den Naturhaushalt des Lebens, da der Individualinstinkt selbst eine Grundvoraussetzung der Arterhaltung ist. Denn würden sich die Individuen nicht mit aller Macht gegen die Entbehrungen und die äußeren Bedrängnisse, die unaufhörlich ihre Existenz bedrohen, zur Wehr setzen, könnte auch die Art, die in ihnen und durch sie lebt, nicht fortbestehen. Doch wollte man diese beiden Triebe vom ausschließlichen Interesse der Art her beurteilen, müßte man sagen, daß der soziale Instinkt der gute ist und der individuelle, sofern er sich ihm widersetzt, der schlechte. Bei den Bienen und Ameisen herrscht diese

Tugend vor, weil der soziale Instinkt in ihnen den individuellen vollkommen auszulöschen scheint. Ganz anders bei den wilden Tieren, wie ganz allgemein gesprochen im Tierreich eher der Egoismus überwiegt. Der Artinstinkt erwacht hingegen immer nur für kurze Abstände und dauert gerade so lange, wie für die Zeugung und Aufzucht einer Familie notwendig ist.

Beim Menschen ist es anders. Es scheint so – und das ist ein Beweis, warum er allen Tierarten weit überlegen ist – , als seien die zwei gegensätzlichen Instinkte, Egoismus und Sozialverhalten, bei ihm alle beide viel mächtiger und auch viel weniger zu trennen als bei den Tieren: Der Mensch ist in seinem Egoismus wilder als die wildesten Tiere und zugleich sozialistischer als die Bienen und Ameisen.

Jede deutlichere Ausprägung von Egoismus oder Individualität bei irgendeinem Tier ist ein untrüglicher Beweis für einen höherentwickelten Organismus, Zeichen einer höheren Intelligenz. Jede Tierart wird durch ein besonderes Gesetz als solche herausgebildet, das heißt durch einen ihr eigenen Entstehungs- und Erhaltungsvorgang, der sie von allen anderen Tierarten unterscheidet. Dieses Gesetz führt kein Eigenleben außerhalb der realen Individuen, die zu der Art gehören, für die es gilt. Eine Realität besitzt es nur in ihnen, doch beherrscht es sie auf eine absolute Weise, und sie sind seine Sklaven. In den niedersten Arten äußert es sich eher als pflanzlicher denn als tierischer Lebensprozeß, es ist ihnen nahezu vollkommen fremd, erscheint fast wie ein äußeres Gesetz, dem die noch kaum als solche erkennbaren Individuen sozusagen mechanisch gehorchen. Doch je mehr die Arten sich in aufsteigender Reihe allmählich zum Menschen hin entwickeln, um so mehr individualisiert sich das besondere Gattungsgesetz, das sie beherrscht, und um so vollständiger verwirklicht und entfaltet es sich in jedem Individuum, das eben dadurch einen ausgeprägteren Charakter, eine deutlicher erkennbare Physiognomie erhält. Es fühlt sich freier und autonomer, mehr zu eigenständigen Regungen befähigt als die Individuen niederer

Arten, auch wenn es weiterhin diesem Gesetz ebenso blind gehorcht wie diese, da es ihm mehr als sein eigener individueller Impuls, eher als innere denn als äußere Notwendigkeit erscheint – ungeachtet der Tatsache, daß diese innere Notwendigkeit, *ohne daß es davon etwas ahnte*, stets von einer Menge äußerer Ursachen hervorgerufen wird. Es beginnt, ein Gefühl für seine *Freiheit* zu entwickeln. Wir können folglich sagen, daß die Natur selbst, aufgrund ihrer fortschreitenden Verwandlungen, zur Emanzipation strebt und daß bereits in ihrem Schoß eine größere individuelle Freiheit ein untrügliches Zeichen von Überlegenheit ist. Das *individuellste und freieste* Wesen, verglichen mit den Tieren, ist zweifelsohne der Mensch.

Wie wir sagten, ist der Mensch nicht nur das individuellste Wesen auf Erden – er ist auch das *sozialste*. J.-J. Rousseau beging den großen Irrtum anzunehmen, daß die primitive Gesellschaft auf einem freien, von Wilden abgeschlossenen Vertrag beruhte.[47] Doch ist J.-J. Rousseau nicht der einzige, der das behauptet. Die Mehrzahl der modernen Juristen und Staatsrechtler, gleichviel ob sie aus der Schule Kants oder irgendeiner anderen Schule des liberalen Individualismus entstammen, geht *nolens volens* von einem *unausgesprochenen Vertrag* aus. Eine andere Grundlage haben sie nicht, da sie weder die auf das göttliche Recht der Theologen gegründete Gesellschaft gelten lassen, noch die durch die Schule Hegels als mehr oder minder mystische Verwirklichung der objektiven Moral bestimmte Gesellschaft, noch die primitiv animalische Gesellschaft der Naturalisten.[44] Ein unausgesprochener Vertrag, das heißt ein Vertrag ohne Worte und folglich ohne Denken und Wollen – ein empörender Unsinn! Eine absurde Fiktion, mehr noch, eine boshafte Fiktion! Ein nichtswürdiger Schwindel! Denn der Vertrag setzt voraus, daß ich – unfähig, etwas zu wollen, zu denken oder zu sprechen und folglich gegen den Schwindel Einspruch zu erheben – für mich und meine gesamte Nachkommenschaft in eine ewige Sklaverei hätte einwilligen können!

Die Folgen des *Gesellschaftsvertrags* sind in der Tat verhängnisvoll, weil sie zur absoluten Herrschaft des Staates führen. Und doch scheint dieses Prinzip, von seinem Ausgangspunkt her, ausgesprochen liberal zu sein. Bevor die Individuen diesen Vertrag abschließen, sollen sie sich angeblich einer absoluten Freiheit erfreuen, da dieser Theorie zufolge der Naturmensch, der Wilde, der einzige vollkommen freie Mensch ist. Wir haben bereits gesagt, was wir von dieser natürlichen Freiheit halten, die nichts anderes ist als die absolute Abhängigkeit des Affenmenschen von der ihm ständig zusetzenden Außenwelt. Aber angenommen, er sei in seinen Anfängen wirklich frei, warum sollte er sich dann in Gesellschaft begeben? Um vor den möglichen Übergriffen dieser Außenwelt sicher zu sein, lautet die Antwort, und vor den anderen Menschen, die sich vielleicht ihrerseits schon verbündet haben. Jedenfalls würden sie nicht dieser sich neu gründenden Gesellschaft angehören.

Das sollen also die primitiven Menschen sein, jeder für sich und durch eigene Kraft absolut frei, die sich dieser grenzenlosen Freiheit nur solange erfreuen, wie sie sich nicht begegnen, solange jeder von ihnen absolut für sich allein lebt. Die Freiheit des einen bedarf der Freiheit des anderen nicht, im Gegenteil, da jede dieser individuellen Freiheiten sich selbst genügt, in sich selbst besteht, erscheint die Freiheit des einzelnen notgedrungen als Negation derjenigen aller anderen, und alle diese Freiheiten müssen, wenn sie sich begegnen, sich gegenseitig beschneiden, sich widersprechen, sich vernichten …

Um sich nicht vollends zu vernichten, gehen sie untereinander einen förmlichen oder unausgesprochenen *Vertrag* ein, durch den sie einen Teil ihrer selbst aufgeben, um den Rest zu sichern. Dieser Vertrag wird zur Grundlage der Gesellschaft oder vielmehr des Staates, denn das Auffällige an dieser Theorie ist, daß die Gesellschaft in ihr keinen Platz hat. Es gibt nur den Staat, oder vielmehr, die Gesellschaft geht restlos im Staat auf.

Die Gesellschaft, das ist die natürliche Existenzweise der menschlichen Gemeinschaft, unabhängig von jedem Vertrag. Sie regiert sich durch die Sitten oder durch traditionelle Gebräuche, aber niemals durch Gesetze. Es sind die Anstöße einzelner, durch die sie langsam Fortschritte macht, nicht das Denken oder der Wille eines Gesetzgebers. Wohl gibt es Gesetze, die sie ohne ihr Wissen beherrschen, aber das sind Naturgesetze, die dem Gesellschaftskörper innewohnen wie die physikalischen Gesetze den materiellen Körpern. Ein Großteil dieser Gesetze ist bislang unbekannt, und doch haben sie die menschliche Gesellschaft seit ihren Anfängen regiert, unabhängig vom Denken oder Wollen der Menschen, die ihr angehörten. Daraus folgt, daß man sie nicht mit den politischen und juristischen Gesetzen verwechseln darf, die, in dem von uns untersuchten System, von irgendeiner gesetzgebenden Gewalt erlassen werden und als logische Ableitungen des ersten, von den Menschen bewußt eingegangenen Vertrages gelten.

Der Staat ist kein natürliches Produkt der Natur. Er geht nicht, wie die Gesellschaft, dem Erwachen des menschlichen Denkens voraus, und wir werden später zu zeigen versuchen, wie *das religiöse Bewußtsein ihn inmitten der Naturgesellschaft hervorbringt*. Den liberalen Staatsrechtlern zufolge wurde der erste Staat durch den freien und bewußten Willen der Menschen geschaffen. Den Absolutisten zufolge ist er eine göttliche Schöpfung. Im einen wie im anderen Fall beherrscht er die Gesellschaft und versucht, sie sich zur Gänze einzuverleiben.

In letzterem Fall versteht sich diese Einverleibung von selbst: Eine göttliche Institution muß notgedrungen jede natürliche Ordnung austilgen. Sonderbarer ist, daß die individualistische Schule mit ihrem freien Vertrag zum selben Resultat gelangt. Tatsächlich beginnt diese Schule damit, schon die Existenz einer dem Vertrag vorausgehenden Naturgesellschaft zu leugnen – da eine solche Gesellschaft natürliche Beziehungen der Individuen und folglich eine *wechselseitige Be-*

schränkung ihrer Freiheiten voraussetzen würde. Sie stünde folglich im Widerspruch zur absoluten Freiheit, der sich jeder, gemäß dieser Theorie, vor dem Abschluß des Vertrages erfreuen soll. Die Gesellschaft wäre damit nichts Geringeres als dieser Vertrag selbst, der als Naturtatsache selbst dem freien Vertrag vorausginge. Dem System der individualistischen Schule zufolge beginnt die menschliche Gesellschaft also erst mit dem Abschluß des Vertrags. Aber was ist dann diese Gesellschaft? Die logisch reine Verwirklichung des Vertrags mit all seinen gesetzlichen Bestimmungen und praktischen Folgen – der Staat.

Untersuchen wir ihn genauer. Was stellt er dar? Die Summe der Negationen der individuellen Freiheiten aller seiner Mitglieder, oder der Opfer, die alle seine Mitglieder erbringen, indem sie zugunsten des Gemeinwohls auf einen Teil ihrer Freiheit verzichten. Wir haben gesehen, daß gemäß der individualistischen Theorie die Freiheit des einzelnen die Grenze oder die natürliche Negation der Freiheit aller anderen ist. Nun, diese absolute Grenze, diese Negation der Freiheit aller oder des gemeinen Rechts, das eben ist – der Staat. Dort also, wo der Staat beginnt, endet die Freiheit des Individuums, und umgekehrt.

Man wird einwenden, daß der Staat als Repräsentant des öffentlichen Wohls oder des Allgemeininteresses nur einen Teil der Freiheit des einzelnen beschneidet, um ihm den Rest zu sichern. Aber dieser Rest, das ist, wenn Sie so wollen, die Sicherheit, niemals die Freiheit. Die Freiheit ist unteilbar: Man kann nicht einen Teil von ihr abschneiden, ohne sie ganz zu töten. Dieser kleine Teil, den Sie abschneiden, ist gerade das Wesen meiner Freiheit, das Ganze. Aufgrund einer naturnotwendigen und unvermeidlichen Bewegung sammelt sich meine ganze Freiheit in diesem noch so kleinen Teil, den Sie wegschneiden. Es ist wie in der Geschichte von Blaubarts Frau,[48] der ein ganzer Palast zur Verfügung stand. Sie hatte die uneingeschränkte Freiheit, überall ein- und auszugehen, alles zu sehen und zu berühren, mit Ausnahme eines unscheinbaren Kämmerleins, das zu betreten ihr auf höchste Anordnung ihres schrecklichen Gatten bei Todesstrafe verboten war. Nun denn, sie wandte sich von allen Herrlichkeiten des Palastes ab und richtete ihre Aufmerksamkeit voll und ganz auf dieses Kämmerlein: Sie öffnete es, und sie tat recht daran, denn es war ein notwendiger Akt ihrer Freiheit, während das Verbot, es zu betreten, einen offenkundigen Verstoß gegen diese Freiheit darstellte. Es ist auch die Geschichte vom Sündenfall Adams und Evas: Das Verbot, die Frucht vom Baum der Erkenntnis zu kosten, aus dem alleinigen Grund, daß dies der Wille des Herrn sei, war von Seiten des lieben Gottes ein abscheulicher Akt von Despotismus, und hätten unsere Stammeltern gehorcht, wäre das gesamte Menschengeschlecht in der schimpflichsten Sklaverei versunken. Ihr Ungehorsam hingegen hat uns befreit und gerettet. Das war, mythisch gesprochen, der erste Akt menschlicher Freiheit.

Aber der Staat, heißt es, der demokratische Staat, der auf der freien Wahl seiner Bürger beruht, kann der denn die Negation ihrer Freiheit sein? Warum denn nicht? Das hängt ganz allein von der Mission und der Macht ab, die die Bürger dem Staat übertragen. Ein republikanischer Staat, der auf dem allgemeinen Wahlrecht beruht, kann sehr despotisch sein, despotischer sogar als der monarchische Staat, wenn er unter dem Vorwand, den Willen aller zu repräsentieren, seine gesamte kollektive Macht einsetzt, um den Willen und die Bewegungsfreiheit jedes seiner Angehörigen zu unterdrücken.

Aber der Staat, heißt es weiter, beschränke doch die Freiheit seiner Angehörigen nur dann, wenn diese sie zum Unrecht, zum Bösen verleite. Er hindere sie daran, sich gegenseitig zu töten, zu berauben und zu beleidigen, ganz allgemein, Böses zu tun, lasse ihnen hingegen alle Freiheiten, Gutes zu tun. Es ist die gleiche Geschichte wie mit Blaubart oder der verbotenen Frucht: Was ist das Böse, was das Gute?

Vom Standpunkt des Systems, das wir hier untersuchen, gab es vor dem Abschluß des Vertrags keine Unterscheidung von Gut und Böse. Jedes Individuum blieb für sich allein mit seiner Freiheit oder seinem absoluten Recht und brauchte auf alle anderen keinerlei Rücksichten zu nehmen, bis auf die, zu denen ihn seine relative Stärke oder Schwäche – das heißt seine Vorsicht oder sein Eigeninteresse* – veranlaßte. So war der Egoismus, immer noch dieser Theorie zufolge, das oberste Gesetz, das einzige Recht: Das Gute war durch den Erfolg definiert und das Böse allein durch das Scheitern, und Gerechtigkeit war nichts als die Bestätigung der vollendeten Tatsache, egal wie schrecklich, grausam oder niederträchtig – ganz wie in der politischen Moral, die heute in Europa vorherrscht.

Die Unterscheidung zwischen Gut und Böse beginnt, nach diesem System, erst mit dem Abschluß des Gesellschaftsvertrags. So wurde alles, was als Bestandteil des Gemeininteresses galt, zum Guten erklärt und alles, was ihm entgegenstand, zum Bösen. Diejenigen, die den Vertrag abschlossen und damit einen mehr oder weniger feierlichen Bund eingingen, waren zu Bürgern geworden, die sich die Pflicht auferlegten, ihre Privatinteressen dem Gemeinwohl, dem unverbrüchlichen Interesse aller, und ihre Sonderrechte dem öffentlichen Recht unterzuordnen, dessen einziger Repräsentant, der Staat, dadurch mit der Macht ausgestattet wurde, alle Revolten des individu-

---

* Diese Beziehungen, die es zwischen primitiven Menschen niemals gegeben haben kann, weil das gesellschaftliche Leben dem Erwachen des individuellen Bewußtseins und des überlegten Willens bei den Menschen vorausging und weil außerhalb der Gesellschaft kein menschliches Individuum jemals in Freiheit, weder in relativer geschweige denn in absoluter, gelebt haben kann – diese Beziehungen, behaupten wir, sind vielmehr die, die heute zwischen den modernen Staaten tatsächlich existieren, von denen sich jeder, unter Ausschluß aller anderen, als mit absoluter Freiheit, Macht und absolutem Recht ausgestattet betrachtet und folglich auf alle anderen Staaten nur jene Rücksichten nimmt, die ihm sein Eigeninteresse gebietet – was zwangsläufig alle Staaten in einen permanenten oder latenten Kriegszustand versetzt.

ellen Egoismus zu unterdrücken, aber auch mit der Pflicht, jeden seiner Angehörigen in der Ausübung der eigenen Rechte zu beschützen, sofern diese nicht im Gegensatz zum Gemeinrecht standen.

Wir werden nun untersuchen, was ein solches Staatsgebilde für Folgen hat, sowohl für die anderen Staaten, für seinesgleichen, als auch für die regierten Bevölkerungen. Diese Untersuchung erscheint uns um so interessanter und nützlicher, als der Staat, in dem hier beschriebenen Sinne, genau der moderne Staat ist, der sich von religiösen Vorstellungen getrennt hat: *der weltliche oder atheistische Staat* der modernen Staatsrechtler. Schauen wir uns also an, worin dessen Moral besteht. Es geht, wie gesagt, um den modernen Staat, der sich bereits vom Joch der Kirche befreit und somit auch das Joch der universellen, weltumspannenden Moral der christlichen Religion abgeschüttelt hat; der aber andererseits, das sei hinzugefügt, noch nicht bis zur Menschheitsmoral vorgedrungen ist, sich noch nicht einmal mit dem Gedanken vertraut gemacht hat, was er übrigens auch nicht könnte, ohne sich selbst zu zerstören, denn als getrenntes und in sich geschlossenes Einzelgebilde wäre er zu eng, um die Interessen und folglich auch die Moral der gesamten Menschheit erfassen und enthalten zu können.

Die modernen Staaten sind genau an diesem Punkt angelangt. Das Christentum dient ihnen nur noch als Vorwand und als Phrase, oder als Mittel, um die Einfältigen zu täuschen, denn sie verfolgen Ziele, die nichts zu schaffen haben mit religiösen Gefühlen. Und die großen Staatsmänner unserer Tage: Die Palmerstons, Murav'evs, Cavours, Bismarcks, Napoleons würden sich sehr darüber amüsieren, wenn man ihre religiösen Bekenntnisse ernst nähme. Und sie wären noch amüsierter, wenn man ihnen humanitäre Gefühle, Erwägungen oder Absichten unterstellen würde, zu denen sie sich übrigens niemals herablassen, da sie nicht in der Öffentlichkeit dummes Zeug von sich geben wollen. Was bleibt ihnen also, worauf sie eine Moral gründen könnten? Einzig das Staatsinteresse. Von diesem Standpunkt aus, den übrigens, bis auf ganz wenige Ausnahmen, die Staatsmänner, die *starken Männer* aller Zeiten und aller Länder vertreten haben, ist alles, was der Erhaltung, der Größe und Macht des Staates dient, das *Gute*, welche Sünde es auch aus Sicht der Religion darstellt oder wie verwerflich es der menschlichen Moral erscheinen mag, und umgekehrt, alles, was dem entgegensteht, und sei es das Heiligste und menschlich Gerechteste, ist *das* Böse. Das ist in Wahrheit seit alters her die Moral und die Praxis aller Staaten.

Und auch die des Staates nach der Theorie des Gesellschaftsvertrags. Da diesem System zufolge das Gute und Gerechte erst mit dem Vertrag beginnen, sind sie, recht besehen, nichts anderes als der Inhalt und der Zweck des Vertrages selbst, das heißt, das *Gemeininteresse* und das *öffentliche Recht* aller Individuen, die ihn abgeschlossen haben, *unter Ausschluß all derer, die dem Vertrag nicht beigetreten sind*. Wir haben es also mit nichts anderem zu tun *als der größten Genugtuung für den kollektiven Egoismus einer einzelnen, begrenzten Vereinigung*, die darauf beruht, daß jedes ihrer Mitglieder einen Teil seines individuellen Egoismus opfert, und die die große Mehrheit der menschlichen Gattung, ob in ähnlichen Vereinigungen zusammengeschlossen oder nicht, als Fremde und natürliche Feinde aus ihrem Geltungsbereich ausschließt.

Die Existenz eines einzigen, begrenzten Staates setzt zwangsläufig die Existenz mehrerer Staaten voraus oder führt gegebenenfalls zu deren Bildung, da es ganz natürlich ist, daß die Individuen, die ihm nicht angehören und von ihm in ihrer Existenz und ihrer Freiheit bedroht werden, sich ihrerseits gegen ihn zusammenschließen. So ist also die Menschheit in eine Vielzahl einander fremder, feindseliger und bedrohender Staaten geteilt. Es gibt kein Gemeinrecht, keinen Gesellschaftsvertrag zwischen ihnen, denn gäbe es einen, würden sie aufhören, voneinander absolut unabhängige Staaten zu sein und föderierte Mitglieder eines einzigen Großstaates werden. Aber solange dieser Großstaat nicht die gesamte Menschheit umfaßt, hätte er zwangsläufig andere föderierte Großstaaten zu Feinden, und der Krieg bliebe notwendigerweise das oberstes Gebot im Leben der Menschheit.

Ob in seinem Innern föderiert oder nicht, muß also jeder Staat, bei Strafe des Untergangs, versuchen, der mächtigste zu werden. Er muß verschlingen, um nicht verschlungen zu werden, erobern, um nicht erobert zu werden, unterwerfen, um nicht unterworfen zu werden, denn zwei ähnliche und zugleich fremde Mächte können nicht nebeneinander bestehen, ohne sich gegenseitig zu zerstören.

Der Staat ist also die offenkundigste, zynischste und vollständigste Negation der Menschheit. Er zerbricht die umfassende Solidarität aller Menschen auf Erden, indem er einen Teil von ihnen zusammenschließt, um alle übrigen zu erobern, zu unterwerfen und zu vernichten. Er stellt nur die eigenen Bürger unter seinen Schutz und erkennt das Menschenrecht, die Menschlichkeit, die Zivilisation nur innerhalb seiner eigenen Grenzen an. Da er nach außen hin keinerlei Recht anerkennt, glaubt er sich logischerweise berechtigt, gegenüber allen fremden Bevölkerungen die grausamste Unmenschlichkeit walten zu lassen, sie nach Belieben plündern, ausrotten oder versklaven zu können. Zeigt er sich ihnen gegenüber großzügig und menschlich, dann niemals, weil es seine Pflicht wäre. Denn Pflichten hat er zunächst einmal nur sich selbst gegenüber, und dann gegenüber denen seiner Angehörigen, die ihn aus freiem Entschluß gegründet haben, die ihn auch weiterhin freiwillig tragen oder die einfach nur, wie dies mit der Zeit unweigerlich geschieht, zu seinen Untertanen geworden sind. Da es ein internationales Recht nicht gibt *und es niemals ernsthaft verwirklicht werden kann, ohne die eigentliche Grundlage der Staaten, das Prinzip der absoluten Souveränität, zu untergraben*, kann der Staat gegenüber fremden Bevölkerungen keine Pflichten haben. Wenn er also ein erobertes Volk menschlich behandelt, wenn er es nicht plündert, nur zur Hälfte ausrottet und nicht auf die unterste Stufe der Sklaverei herabdrückt, dann geschieht das aus politischen

Gründen und vielleicht aus Vorsicht, oder aus reinem Großmut, aber niemals aus Pflicht – denn er hat das absolute Recht, mit ihm nach Gutdünken zu verfahren.

Diese offenkundige Negation der Menschlichkeit, die das eigentliche Wesen des Staates verkörpert, ist aus der Sicht des Staates die höchste Pflicht und die größte Tugend: Sie nennt sich *Patriotismus* und stellt die ganze *transzendente Moral* des Staates dar. Wir nennen sie transzendente Moral, weil sie gewöhnlich über das Maß der menschlichen Moral und Gerechtigkeit, der allgemeinen wie der privaten, hinausgeht und dadurch meist in Widerspruch zu ihr tritt. Seinen Nächsten zu beleidigen, zu unterdrücken, zu berauben, zu plündern, zu ermorden oder zu unterwerfen, wird nach der gewöhnlichen Moral der Menschen als Verbrechen betrachtet. Im öffentlichen Leben hingegen, aus der Sicht des Patriotismus und wenn es zum höchsten Ruhm des Staates geschieht, um seine Macht zu erhalten oder zu vergrößern, wird das alles zu Pflicht und Tugend. Und diese Tugend, diese Pflicht hat jeder patriotische Bürger als die seine zu betrachten. Von jedem wird erwartet, daß er sie ausübt, nicht nur gegen Fremde, sondern auch gegen seine Mitbürger, Angehörige oder Untertanen des Staates wie er selbst, und zwar jedes Mal, wenn das Wohl des Staates es verlangt.

Darin liegt für uns die Erklärung, warum seit Anbeginn der Geschichte, das heißt seit der Entstehung der Staaten, die Politik stets der Schauplatz der hohen Kunst von Raub und Schurkerei gewesen ist und bleiben wird – Raub und Schurkerei, die übrigens großes Ansehen genießen, da sie im Auftrag von Patriotismus, transzendenter Moral und höchstem Staatsinteresse begangen werden. Daraus erklärt sich des weiteren, warum die gesamte Geschichte der alten und modernen Staaten nur eine Aneinanderreihung schändlicher Verbrechen ist; warum Könige und Minister der Vergangenheit und der Gegenwart, aller Zeiten und aller Länder: Staatsmänner, Diplomaten, Bürokraten und Krieger, wenn man sie vom Standpunkt der einfachen menschlichen Moral und Gerechtigkeit aus beurteilt, hundert Mal, tausend Mal Galgen und Galeerenstrafe verdient haben. Denn es gibt keine Greueltat, keine Grausamkeit, kein Sakrileg, keinen Meineid, keinen Betrug, keine Niedertracht, keinen zynischen Diebstahl, keinen dreisten Raub und keinen schmutzigen Verrat, den die Repräsentanten der Staaten nicht begangen hätten und tagtäglich begehen würden, ohne etwas anderes zu ihrer Entschuldigung zu haben als dieses eine dehnbare Wort, das ja so bequem und zugleich so schrecklich ist: *Staatsräson!*

Ein wahrhaft schreckliches Wort! Denn es hat in den Regierungskreisen und den herrschenden Klassen der Gesellschaft mehr Menschen korrumpiert und entehrt als selbst das Christentum. Sobald es ausgesprochen wird, verstummt alles und endet alles: Redlichkeit, Ehre, Gerechtigkeit, Recht, selbst das Mitleid endet und mit ihm die Logik und der gesunde Menschenverstand: Schwarz wird weiß und weiß wird schwarz, das Schreckliche menschlich, und der gemeinste Treubruch, die abscheulichsten Verbrechen werden zu verdienstvollen Taten!

Machiavelli,[49] der große politische Philosoph aus Italien, war der erste, der dieses Wort aussprach oder der ihm zumindest seine wahre Bedeutung gab und ihm zu jener großen Popularität verhalf, die es noch heute in der Welt unserer Regierenden genießt. Er, ein ausgesprochen nüchterner und realistischer Denker, hatte als erster verstanden, daß große und mächtige Staaten nur durch Verbrechen begründet und aufrechterhalten werden konnten - durch viele große Verbrechen und eine gründliche Mißachtung all dessen, was man Redlichkeit nennt! Er hat das mit schonungsloser Offenheit beschrieben, erklärt und bewiesen. Die Idee der Menschlichkeit war zu seiner Zeit noch vollkommen unbekannt und die der Brüderlichkeit, nicht der menschlichen, sondern der religiösen, von der katholischen Kirche gepredigten, war damals, wie zu allen Zeiten, nur ein grausamer Hohn und wurde von der Kirche durch ihre eigenen Taten ständig widerlegt. Niemand hatte seinerzeit auch nur eine Ahnung davon, daß es so etwas wie ein Recht des Volkes geben könne – die Völker wurden immer nur als träge und dumme Masse betrachtet, als eine Art Staatsvieh, gnadenlos geschunden und ausgepreßt, und zu ewigem Gehorsam bestimmt. Es gab damals also absolut nichts weder in Italien noch sonstwo, was über den Staat hinausging, woraus Machiavelli den logischen Schluß zog, daß der Staat das höchste Ziel jeder menschlichen Existenz sei, daß man ihm um jeden Preis dienen müsse, und da das Staatsinteresse über allem stünde, ein guter Patriot vor keinem Verbrechen zurückschrecken dürfe, um ihm zu dienen. Er empfiehlt das Verbrechen, er befiehlt es sogar, und macht es zur unerläßlichen Bedingung der politischen Intelligenz wie auch des wahren Patriotismus. Ob der Staat sich Monarchie oder Republik nennt, für seinen Erhalt und seinen Triumph wird das Verbrechen immer notwendig sein. Der Staat wird natürlich Richtung und Ziel ändern, aber seinem Wesen nach immer gleich bleiben: ein beständiger und nachdrücklicher Verstoß gegen Gerechtigkeit, Mitleid und Redlichkeit – zum Wohle des Staates.

Ja, Machiavelli hatte recht, nach einer Erfahrung von weiteren dreieinhalb Jahrhunderten, die zu seiner hinzukommt, können wir daran keinen Zweifel mehr hegen. Ja, die gesamte Geschichte verrät es uns: Während die kleinen Staaten aus Schwäche tugendhaft sind, behaupten sich die mächtigen Staaten nur durch das Verbrechen. Allein unsere Schlußfolgerung unterscheidet sich absolut von der seinigen, und das aus einem sehr einfachen Grund: Wir sind die Nachkommen der Französischen Revolution, und wir haben von ihr die Religion der Menschlichkeit geerbt, die wir auf den Ruinen der Religion der Göttlichkeit errichten müssen: Wir glauben an die Menschenrechte, an die Würde und die notwendige Emanzipation des Menschengeschlechts. Wir glauben an die menschliche Freiheit und an die menschliche Brüderlichkeit, auf der Grundlage menschlicher Gerechtigkeit. Wir glauben, kurz gesagt, an den Sieg der Menschlichkeit auf Erden. Aber dieser Sieg, nach dem wir uns sehnen und den wir mit all unseren vereinten Kräften herbeiführen wollen, kann, da er seinem Wesen nach die Negation des Verbrechens ist, das selbst nichts anderes ist als die Negation der Menschlichkeit, erst Wirklichkeit werden, wenn das Verbrechen aufhört, das zu sein, was es heute nahezu überall ist: *die eigentliche Grundlage der politischen Existenz der vom Staatsgedanken vereinnahmten und beherrschten Nationen*. Und da nunmehr bewiesen ist, daß kein Staat existieren kann, ohne Verbrechen zu begehen oder wenigstens von ihnen zu träumen oder sie zu planen, auch wenn seine Ohnmacht ihn daran hindern sollte, sie zu begehen, ziehen wir daraus heute den Schluß, *daß die Zerstörung der Staaten eine absolute Notwendigkeit ist*, oder, wenn man so will, deren gründliche und vollständige Umgestaltung. Die Staaten müssen aufhören, zentralisierte und von oben nach unten, durch Gewalt oder durch die Autorität irgendeines Prinzips organisierte Mächte zu sein und sich neu ordnen, von unten nach oben, gemäß den wirklichen Bedürfnissen und natürlichen Neigungen ihrer Bestandteile, durch die freie Föderation der Individuen und Vereinigungen, der Gemeinden, der Bezirke, der Regionen und der Nationen in der Menschheit. Dabei ist es in das absolute Ermessen aller Teile gestellt, sich zusammenschließen oder es nicht zu tun, und sie behalten ihre Freiheit, einen Bund jederzeit zu verlassen, auch wenn sie ihm einmal freiwillig beigetreten sein sollten.

Das sind die Schlußfolgerungen, zu denen uns die Untersuchung der äußeren Beziehungen des Staates, selbst des sogenannten freien, mit anderen Staaten notwendig führt. Wir werden später sehen, daß der Staat, der sich auf das göttliche Recht oder die Macht der Religion gründet, genau dieselben Resultate zeitigt. Untersuchen wir nun die Beziehungen des Staates, der auf dem freien Vertrag mit seinen eigenen Bürgern oder Untertanen beruht.

Wir haben gesehen, daß er die Menschheit negiert, indem er die große Mehrheit des Menschengeschlechts aus seinem

Geltungsbereich verbannt, sie von den wechselseitigen Bindungen und Verpflichtungen der Moral, der Gerechtigkeit und des Rechts ausnimmt und mit dem großen Wort: Patriotismus all seinen Untertanen Ungerechtigkeit und Grausamkeit zur höchsten Pflicht macht. Er beschneidet, verstümmelt, tötet die Menschlichkeit in ihnen, damit sie keine Menschen mehr, sondern nur noch Staatsbürger sind – oder, was gemäß der historischen Abfolge der Tatsachen richtiger wäre, damit sie sich niemals über den Staatsbürger hinaus zur Größe des Menschen erheben. Wir haben übrigens gesehen, daß jeder Staat, will er nicht untergehen und seinen Nachbarstaaten anheimfallen, nach Allmacht streben und, einmal mächtig geworden, auf Eroberung ausgehen muß. Wer von Eroberung spricht, sagt eroberte, unterworfene, versklavte Völker. Welche Form und Bezeichnung sie auch annimmt, die Sklaverei ist eine notwendige Folge der bloßen Existenz des Staates.

Die Sklaverei mag Form und Namen ändern – ihr Inhalt bleibt der gleiche. Dieser Inhalt läßt sich in folgenden Worten ausdrücken: *Sklave sein heißt, gezwungen sein, für andere zu arbeiten – ebenso wie Herr sein heißt, von der Arbeit anderer zu leben.* Im Altertum wie noch heute in Asien, Afrika und Teilen Amerikas hießen die Sklaven noch einfach Sklaven. Im Mittelalter hießen sie Leibeigene, heute nennt man sie *Lohnarbeiter*. Deren Lage ist zwar um einiges angenehmer und weniger hart als die von Sklaven, doch sind sie aufgrund von Hunger wie auch durch die politische Ordnung der Gesellschaft nicht minder dazu gezwungen, durch mühselige Arbeit den absoluten oder relativen Müßiggang anderer zu erhalten. Folglich sind sie Sklaven. Ganz allgemein gesprochen, konnte noch kein Staat, kein antiker und kein moderner, jemals auf die Zwangsarbeit der Massen, seien es Lohnarbeiter oder Sklaven, verzichten oder wird es je können. Die Zwangsarbeit ist die wesentliche und absolut notwendige Grundlage für die Muße, die Freiheit und die Zivilisation der politischen Klasse: der *Bürger*. Diesbezüglich machen noch nicht einmal die Vereinigten Staaten von Nordamerika eine Ausnahme.

Das sind die inneren Bedingungen, die sich für den Staat notgedrungen aus seiner äußeren Lage ergeben, das heißt, seiner natürlichen, dauerhaften und unvermeidlichen Feindschaft mit allen anderen Staaten. Betrachten wir nun, welche Bedingungen sich für die Bürger aus dem freien Vertrag, durch den sie sich zum Staat zusammenschließen, unmittelbar ergeben.

Der Staat hat nicht nur die Aufgabe, die Sicherheit seiner Bürger gegen alle Angriffe von außen zu verteidigen, er muß im Innern seine Bürger auch voreinander und *jeden vor sich selbst* beschützen. Denn der Staat – und dies ist sein grundlegender Charakterzug – , jeder Staat, wie auch jede Theologie, setzt voraus, daß der Mensch seinem Wesen nach böse und schlecht ist. Bei dem Staat, den wir jetzt untersuchen, beginnt das *Gute*, wie gesehen, erst mit dem Abschluß des Gesellschaftsvertrags und ist folglich nur das Produkt dieses Vertrages, sein eigentlicher Inhalt. Das Gute ist also nicht das Produkt der Freiheit. Im Gegenteil, solange die Menschen als Einzelgänger in ihrer absoluten Individualität verharren und zur Gänze ihre natürliche Freiheit genießen, der allenfalls faktische Grenzen gesetzt sind, keine rechtlichen, folgen sie nur einem einzigen Gesetz, ihrem natürlichen Egoismus: Sie beleidigen, mißhandeln und bestehlen sich gegenseitig, schlachten sich ab und fressen sich auf, jeder nach Maßgabe seiner Intelligenz, seiner Schläue und seiner Körperkraft, genauso wie es heute, nach unserer Beobachtung, die Staaten tun. Die menschliche Freiheit erzeugt also hier nicht das *Gute*, sondern das *Böse*, der Mensch ist von Natur aus schlecht. Wie ist er schlecht geworden? Das zu erklären, ist Sache der Theologie. Tatsache ist, daß der Staat ihn bei seiner Entstehung bereits schlecht vorfindet und sich es zur Aufgabe macht, ihn zu läutern, das heißt, den Naturmenschen in einen Staatsbürger zu verwandeln.

Dazu wäre folgendes anzumerken: Wenn der Staat das Produkt eines zwischen den Menschen freiwillig abgeschlossenen Vertrages und das Gute das Produkt des Staates ist, müßte daraus folgen, daß er das Produkt der Freiheit ist! Diese Schlußfolgerung wäre gänzlich verfehlt. Der Staat ist selbst in dieser Theorie nicht das Produkt der Freiheit, sondern im Gegenteil das Produkt des freiwilligen Opfers und der Negation der Freiheit. Die Naturmenschen – *von Rechts wegen* absolut frei, aber *faktisch* allen Gefahren ausgesetzt, die zu jedem Zeitpunkt ihres Lebens ihre Sicherheit bedrohen – opfern und verleugnen einen mehr oder weniger großen Teil ihrer Freiheit, um ihre Sicherheit zu gewährleisten und zu bewahren, und in dem Maße, wie sie die Freiheit ihrer Sicherheit geopfert haben, also Bürger geworden sind, werden sie zu *Sklaven des Staates*. Wir haben also recht mit der Behauptung, *daß aus der Sicht des Staates das Gute nicht aus der Freiheit entsteht, sondern im Gegenteil aus der Negation der Freiheit.*

Ist diese Ähnlichkeit zwischen der Theologie, der Wissenschaft der Kirche, und der Politik, der Theorie des Staates, nicht bemerkenswert: dieses Zusammentreffen zweier dem Denken wie der Sache nach scheinbar so gegensätzlicher Ordnungen in ein und derselben Überzeugung *von der Notwendigkeit, die menschliche Freiheit zu opfern, um die Menschen moralisch zu bessern und sie zu verwandeln, nämlich in Heilige, der einen zufolge – in tugendhafte Bürger, der anderen zufolge.* Was uns betrifft, wir sind darüber keineswegs verwundert, sondern vielmehr davon überzeugt und werden das weiter unten zu beweisen versuchen, daß die Politik und die Theologie zwei Schwestern gleicher Herkunft sind und unter verschiedenen Namen das gleiche Ziel verfolgen. Und daß jeder Staat eine irdische Kirche ist, und umgekehrt die Kirche, mit ihrem Himmel, Wohnstatt der Seligen und der unsterblichen Götter, nichts als ein himmlischer Staat.

Der Staat geht also, wie die Kirche, von der Grundannahme aus, daß die Menschen von Grund auf schlecht sind und daß sie, ihrer natürlichen Freiheit überlassen, sich gegenseitig in Stücke reißen und den Anblick grauenvollster Anarchie bieten würden, in der die Stärksten die Schwächsten totschlagen oder ausbeuten – ganz das Gegenteil dessen, nicht wahr, was in unseren heutigen Musterstaaten passiert? Der Staat geht vom Prinzip aus, daß es einer höheren Autorität bedarf, um eine öffentliche Ordnung zu errichten; daß es eines Führers und eines Zuchtmeisters bedarf, um die Menschen zu führen und ihre schlechten Leidenschaften im Zaum zu halten; daß es sich aber bei dieser Autorität um ein tugendhaftes Genie* handeln muß, einen Gesetzgeber seines Volkes, wie Moses, Lykurg oder Solon, und daß dieser Führer und dieser Zuchtmeister die Weisheit und die Zwangsgewalt des Staates sein werden.

Im Namen der Logik hätten wir an diesem Gesetzgeber allerdings einiges auszusetzen, denn in dem System, das wir jetzt untersuchen, geht es nicht um ein von irgendeiner Autorität erlassenes Gesetzbuch, sondern um ein von freien Staatsgründern freiwillig abgeschlossenen Vertrag wechselseitiger Verpflichtung. Und da diese Gründer, dem fraglichen System zufolge, nichts anderes als Wilde waren, die bis dahin in der vollständigsten natürlichen Freiheit gelebt hatten und denen deshalb der Unterschied zwischen Gut und Böse unbekannt gewesen sein dürfte, könnten wir fragen, wodurch es ihnen auf einmal gelungen sei, beide zu unterscheiden und voneinander zu trennen. Freilich könnte man uns erwidern, daß sie ihren wechselseitigen Vertrag zunächst nur im Hinblick auf ihre gemeinsame Sicherheit abschlossen und deshalb das, was sie das *Gute* nannten, aus nichts anderem bestand, als den paar wenigen Punkten, die sie in ihrem Vertrag vereinbarten, zum Beispiel: einander nicht zu töten oder zu berauben und sich bei allen Angriffen von außen gegenseitig beizustehen; daß aber später ein Gesetzgeber, ein tugendhaftes Genie, das

---

* Das Ideal Mazzinis. Man vergleiche ›Doveri dell'Uomo‹, Neapel 1860, S. 83, und ›A Pio IX Papa‹, S. 27: »Wir halten die Autorität für einen Segen, wenn sie, geweiht von Genie und Tugend, den einzigen Priestern der Zukunft, und offenbart durch die große Macht des Opfers, das Gute predigt und, aus freien Stükken gebilligt, erkennbar zum Guten führt … «[50]

bereits innerhalb einer derartigen Vereinigung geboren worden und folglich gewissermaßen in ihrem Geist aufgewachsen war, dessen Bedingungen und Grundlagen hat erweitern und vertiefen und somit die erste Sitten- und Gesetzeslehre hat begründen können.

Doch sogleich taucht eine weitere Frage auf: Angenommen, ein Mann von außerordentlicher Begabung, der innerhalb dieser noch sehr primitiven Gesellschaft geboren wurde, habe, dank der allenfalls sehr notdürftigen Erziehung, die er dort erhalten haben kann, und mit Hilfe seines Genies, eine Sittenlehre entwerfen können, wie hat er es zuwege gebracht, daß sie von seinem Volk auch angenommen wird? Durch die alleinige Kraft der Logik? Das ist unmöglich. Zwar setzt sich die Logik am Ende immer durch, selbst bei den verstocktesten Geistern, aber dazu braucht es weit mehr als die Lebenszeit eines Mannes, und mit reichlich unbedarften Geistern hätte er Jahrhunderte gebraucht. Durch Gewalt? Aber dann wäre es nicht mehr eine auf den freien Vertrag, sondern auf Eroberung und Unterwerfung gegründete Gesellschaft gewesen, was uns geradewegs zu den wirklichen historischen Gesellschaften führt, in denen freilich alles eine viel natürlichere Erklärung findet als in den Theorien unserer liberalen Staatsrechtler. Doch bringt uns deren Untersuchung und Erforschung, anstatt, wie diese Herrn es gerne hätten, zur Verherrlichung des Staates beizutragen, im Gegenteil dazu, wie wir später noch sehen werden, dessen radikale und vollständige Zerstörung herbeizuwünschen, und zwar so schnell wie möglich.

Es bleibt ein drittes Mittel, dessen sich ein großer Gesetzgeber eines wilden Volkes bedient haben könnte, um der Masse seiner Mitbürger sein Gesetz aufzuerlegen: die Autorität Gottes. Und in der Tat, wie wir sehen, haben die größten bekannten Gesetzgeber, von Moses bis einschließlich Mohammed, auf dieses Mittel zurückgegriffen. Es ist sehr wirksam bei Nationen, in denen Glaube und religiöses Gefühl noch einen großen Einfluß ausüben, und naturgemäß von großer Macht innerhalb eines wilden Volkes. Nur daß die Gesellschaft, zu deren Gründung es dient, nicht mehr den freien Vertrag zur Grundlage hat: Durch direktes Eingreifen des göttlichen Willens entstanden, wird sie notgedrungen ein theokratischer, monarchischer oder aristokratischer, aber keinesfalls ein demokratischer Staat sein. Und da mit den Göttern nicht gut handeln ist, da sie ebenso mächtig wie despotisch sind, und da man gezwungen ist, unbesehen alles hinzunehmen, was sie einem vorschreiben, und wohl oder übel ihren Willen erdulden muß, folgt daraus, daß in einer von den Göttern diktierten Gesetzgebung kein Platz für die Freiheit sein kann. Wir vernachlässigen einstweilen die, übrigens sehr weltliche, Gründung des Staates durch direktes oder indirektes Eingreifen der göttlichen Allmacht, mit dem festen Vorsatz, später darauf zurückzukommen, und wenden uns wieder der Untersuchung des auf dem freien Vertrag beruhenden Staates zu. Auch wenn wir zu der Überzeugung gelangt sind, daß es keinerlei Erklärung gibt für die in sich selbst widersprüchliche Tatsache einer dem Genie eines einziges Mannes entsprungenen und einstimmig beschlossenen Gesetzgebung, die von einem ganzen wilden Volk freiwillig angenommen wurde, ohne daß der Gesetzgeber zu roher Gewalt oder irgendeinem göttlichen Schwindel greifen mußte, wollen wir dieses Wunder dennoch gelten lassen und uns nach der Erklärung für ein weiteres Wunder fragen, das nicht leichter zu verstehen ist als das erste: Ist die neue Sitten- und Gesetzeslehre einmal verkündet und einstimmig beschlossen, wie wird sie in der Praxis umgesetzt, wie im Leben angewendet? Wer wacht über ihre Einhaltung?

Kann man sich denn vorstellen, daß nach diesem einstimmigen Beschluß alle oder nur die Mehrheit der Wilden einer primitiven Gesellschaft, die, bevor die neue Gesetzgebung verkündet wurde, in der tiefsten Anarchie gelebt hatten, sich aufgrund der bloßen Tatsache dieser feierlichen Verkündung und dieses freien Beschlusses, mit einem Schlag und in einem solchen Maße gewandelt hätten, daß sie von sich aus und kraft eigener Einsicht, dazu übergegangen wären, die Gebote und

Gesetze, die ihnen eine bis dahin unbekannte Moral vorschrieb, gewissenhaft zu befolgen und korrekt auszuführen?

Die Möglichkeit eines solchen Wunders einzuräumen, hieße zugleich, die Nutzlosigkeit des Staates anzuerkennen und dem Naturmenschen die Fähigkeit zuzusprechen, allein kraft seiner eigenen Freiheit das Gute zu begreifen, zu wollen und zu tun, was ebensosehr zur Theorie des sogenannten freien Staates wie zu der des religiösen oder göttlichen Staates im Widerspruch stünde, da alle beide von der grundlegenden Annahme der vermeintlichen Unfähigkeit des Menschen ausgehen, sich zum Guten durchzuringen und es aus natürlichem Antrieb zu tun, weil, eben diesen Theorien zufolge, dieser Antrieb sie ja im Gegenteil stets und unwiderruflich zum Bösen dränge. Folglich lehren uns alle beide, daß um die Einhaltung der Prinzipien und Befolgung der Gesetze, in welcher menschlichen Gesellschaft auch immer, zu gewährleisten, sich an der Spitze des Staates eine wachsame, lenkende und gegebenenfalls strafende Macht befinden müsse. Bleibt die Frage zu klären, wer sie ausüben kann und darf?

Für den auf das göttliche Recht und das Eingreifen irgendeines Gottes gegründeten Staat ist die Antwort ganz einfach: Zunächst sind es die Priester und dann die von den Priestern geweihten weltlichen Autoritäten. Der Theorie des auf dem freien Vertrag beruhenden Staates fällt die Antwort schon schwerer. Denn in der Tat, wer könnte in einer reinen Demokratie, wo Gleichheit herrscht, der Wächter und Vollstrecker der Gesetze sein, der Verteidiger der Gerechtigkeit und der öffentlichen Ordnung gegen die schlechten Leidenschaften des einzelnen? Schließlich wird dem einzelnen ja die Fähigkeit abgesprochen, auf sich selbst zu achten und, sofern es für das Gemeinwohl notwendig ist, seine eigene, naturgemäß dem Bösen zuneigende Freiheit zu unterdrücken. Kurzum, wer soll die Funktionen des Staates ausfüllen?

Die besten Bürger, heißt es, die intelligentesten und tugendhaftesten, diejenigen, die besser als andere die gemeinsamen Interessen der Gesellschaft verstehen und die die Notwendigkeit für den einzelnen, ja die Pflicht des einzelnen begreifen, ihnen alle Sonderinteressen unterzuordnen. Allerdings müssen diese Menschen ebenso intelligent wie tugendhaft sein, denn besäßen sie nur Intelligenz ohne Tugend, könnten sie sehr wohl das Gemeinwesen in den Dienst ihres Privatinteresses stellen, und wären sie nur tugendhaft, aber nicht intelligent, würden sie das Gemeinwesen all ihren guten Absichten zum Trotz unweigerlich zugrunde richten. Damit eine Republik nicht untergeht, muß sie also zu allen Zeiten über eine ansehnliche Zahl mit beidem ausgestatteter Menschen verfügen. Es muß für die gesamte Dauer ihres Bestehens eine sozusagen ununterbrochene Folge zugleich tugendhafter und intelligenter Bürger geben.

Das ist eine Bedingung, die weder leicht noch oft zu verwirklichen ist. In der Geschichte jedes Landes sind die Zeiten, in denen eine beträchtliche Häufung herausragender Persönlichkeiten auftritt, als außerordentliche, durch die Jahrhunderte leuchtende Epochen gekennzeichnet. Für gewöhnlich ist in den Kreisen der Macht die Bedeutungslosigkeit, das Grau, vorherrschend, und wie wir häufig in der Geschichte beobachtet haben, sind es sogar Schwarz und Rot, das heißt Laster aller Art und blutige Gewalt, die triumphieren. Wir könnten also daraus schließen, daß, wenn zuträfe, was aus der Theorie des sogenannten rationalen oder liberalen Staates eindeutig hervorgeht, daß nämlich die Aufrechterhaltung und der Fortbestand jeder politischen Gesellschaft von einer Aufeinanderfolge von Persönlichkeiten abhängt, die sich sowohl durch ihre Intelligenz wie durch ihre Tugend auszeichnen, es unter den gegenwärtig bestehenden Gesellschaften keine einzige gäbe, die nicht schon seit langem hätte aufgehört haben müssen zu existieren. Wenn wir darüber hinaus noch diejenige Schwierigkeit, um nicht zu sagen Unmöglichkeit in Betracht ziehen, die sich aus der mit der Macht typischerweise verbundenen Haltlosigkeit ergibt und aus den außerordentlichen Versuchungen, denen all jene ausgesetzt sind, die die Macht in ihren Händen halten, die Auswirkungen von Ehrgeiz,

Rivalität, Mißgunst und unersättlicher Gier, von denen gerade die höchsten Stellen Tag und Nacht bedrängt werden und vor denen keine Intelligenz, meist nicht einmal Tugend schützt – denn die Tugend des Einzelnen ist schwach – , dann dürfen wir wohl mit Fug und Recht an ein Wunder glauben, daß noch so viele Gesellschaften existieren! Doch lassen wir das.

Nehmen wir an, daß in einer Idealgesellschaft sich zu jeder Zeit eine ausreichende Zahl gleichermaßen intelligenter wie tugendhafter Personen findet, um die wesentlichen Staatsfunktionen angemessen auszufüllen. Wer soll sie suchen, sie finden, sie erkennen, die Zügel der Macht in ihre Hände legen? Werden sie sie im Bewußtsein ihrer Intelligenz und ihrer Tugend selber ergreifen, wie Kleobulos und Periandros,[51] die beiden Weisen Griechenlands, die die Griechen, ungeachtet ihrer eingestandenermaßen großen Weisheit, mit dem anrüchigen Namen Tyrannen belegten? Aber wie sonst sollen sie die Macht ergreifen? Durch Überzeugung oder durch Gewalt? Sollte es ersteres sein, geben wir zu bedenken, daß man nur von dem zu überzeugen weiß, wovon man selbst überzeugt ist, und daß gerade die Besten von ihrem eigenen Verdienst am wenigsten überzeugt sind. Selbst wenn sie sich dessen bewußt sind, widerstrebt es ihnen für gewöhnlich, sich anderen aufzudrängen, während die Schlechten und Mittelmäßigen, die stets mit sich selbst zufrieden sind, keinerlei Hemmungen haben, sich anzupreisen. Aber selbst wenn wir annehmen, der Wunsch, dem Vaterland zu dienen, würde die wahrhaft verdienstvollen Personen zur Aufgabe ihrer übertriebenen Bescheidenheit veranlassen, so daß sie sich aus freien Stücken ihren Mitbürgern zur Wahl stellen – werden sie immer ausgewählt und vom Volk den Ehrgeizlingen, Schönrednern und schlauen Intriganten vorgezogen? Wollen sie sich hingegen mit Gewalt durchsetzen, müssen sie zunächst eine ausreichende Streitmacht zur Verfügung haben, um den Widerstand einer ganzen Partei zu brechen. Sie müßten durch einen Bürgerkrieg an die Macht gelangen, nach dessen Beendigung sie einer besiegten, aber unversöhnten und weiterhin feindlich gesinnten Partei gegenüberstehen. Um diese in Schach zu halten, werden sie weitere Gewalt einsetzen müssen. Es wird also keine freie Gesellschaft mehr sein, sondern ein despotischer, auf Gewalt beruhender Staat, in dem man vielleicht vieles finden wird, was einem bewundernswert erscheint – aber niemals die Freiheit.

Um die Fiktion des freien, aus einem Gesellschaftsvertrag hervorgegangenen Staates aufrecht zu erhalten, müssen wir also annehmen, daß die Mehrheit der Bürger immer schon das notwendige Maß an Klugheit, Unterscheidungsvermögen und Gerechtigkeitsempfinden besessen hat, um die Würdigsten und Fähigsten zu wählen und an die Spitze der Regierung zu stellen. Aber wenn ein Volk, nicht nur einmal und aus bloßem Zufall, sondern ständig, bei allen Wahlen, die es durchzuführen hat, während der gesamten Zeit seines Bestehens, ein solches Unterscheidungsvermögen, ein solches Gerechtigkeitsempfinden, eine solche Klugheit an den Tag legt, müßte es da nicht selbst, in seiner Masse betrachtet, ein so hohes Maß an moralischer Gesinnung und Kultur erlangt haben, daß es keiner Regierung, keines Staates mehr bedürfte? Ein solches Volk bräuchte nichts weiter, als nur zu leben und all seinen Instinkten freien Lauf zu lassen: Die Gerechtigkeit und die öffentliche Ordnung würden wie selbstverständlich seiner Lebensweise entspringen. Und der Staat, der nicht länger der Schutzengel, der Vormund, der Lehrmeister, der Denker und Lenker der Gesellschaft wäre, der all seiner Zwangsgewalt verlustig ginge und jene untergeordnete Stellung einnähme, die Proudhon ihm zuweist, würde nur noch ein schlichtes Geschäftsbüro sein, eine Art Zentralkontor im Dienst der Gesellschaft.

Natürlich wäre eine derartige politische Einrichtung, oder vielmehr, eine derartige Rücknahme der Politik zugunsten der Freiheit des gesellschaftlichen Lebens, eine große Wohltat für die Gesellschaft – allein die trotz allem noch vorhandenen Anhänger des Staates würden sich damit keineswegs abfinden wollen. Sie brauchen unbedingt einen fürsorglichen Staat, der das gesellschaftliche Leben beaufsichtigt, Gerechtigkeit walten läßt und über die Einhaltung der öffentlichen Ordnung wacht. Das heißt, ob sie es sich selbst eingestehen oder nicht, ja selbst wenn sie sich Republikaner, Demokraten oder gar Sozialisten nennen – sie brauchen stets ein mehr oder weniger unwissendes, unmündiges, unfähiges oder, um die Dinge beim rechten Namen zu nennen, ein mehr oder weniger *pöbelhaftes* Volk, um zu regieren. Damit sie, was selbstverständlich ganz und gar nicht ihrer natürlichen Uneigennützigkeit und Bescheidenheit entspricht, die vorderen Plätze für sich behalten können; damit sie stets die Gelegenheit haben, sich ausschließlich dem Gemeinwesen zu widmen; und damit sie schließlich, kraft ihrer selbstlosen Hingabe und ihrer unvergleichlichen Intelligenz zu Hirten der Menschenherde auserwählt, diese zu ihrem eigenen Besten vorwärtstreiben, dem Heil zuführen – und sie nebenbei auch ein wenig schröpfen können.

Jede konsequente und ehrliche Staatstheorie gründet sich im wesentlichen auf das Prinzip der *Autorität*, das heißt, jene im höchsten Maße theologische, metaphysische, politische Idee, daß die Massen *immer* unfähig sein werden, sich selbst zu regieren, und deshalb auf ewig das wohltätige Joch einer Weisheit und einer Gerechtigkeit werden tragen müssen, das ihnen auf die eine oder andere Weise von oben auferlegt wird. Aber mit welcher Berechtigung auferlegt und von wem? Die als solche von den Massen anerkannte und respektierte Autorität kann nur drei Quellen haben: Gewalt, Religion oder das Wirken einer höheren Intelligenz. Wir werden später auf die Staaten zu sprechen kommen, die sich auf die doppelte Autorität von Religion und Gewalt gründen, denn solange wir die Theorie des auf dem freien Vertrag beruhenden Staates diskutieren, müssen wir von diesen beiden absehen. Es bleibt uns also für den Augenblick nur die Autorität einer höheren Intelligenz, die bekanntlich immer von Minderheiten repräsentiert wird.

Was sehen wir denn in allen vergangenen und gegenwärtigen Staaten, selbst wenn sie mit den demokratischsten Institutionen ausgestattet sind wie die Vereinigten Staaten von Nordamerika und die Schweiz? Die Selbstregierung der Massen bleibt, trotz des ganzen Apparats der Volksherrschaft, die meiste Zeit bloßer Schein. In Wirklichkeit regieren die Minderheiten. In den Vereinigten Staaten zum Beispiel waren das bis zum letzten Befreiungskrieg[20] die sogenannten Demokraten und sind es teilweise auch jetzt noch (die ganze Partei des amtierenden Präsidenten Johnson[52]). Sie sind nach wie vor Anhänger der Sklaverei und der unbarmherzigen Plantagenbesitzeroligarchie, Demagogen ohne Glauben und Gewissen, bereit, ihrer Habgier und ihrem schäbigen Ehrgeiz alles zu opfern. Aufgrund ihres schändlichen Treibens und des Einflusses, den sie fast fünfzig Jahre in Folge nahezu ungehindert ausüben konnten, haben sie erheblich zur Verwilderung der politischen Sitten in Nordamerika beigetragen. Heute bekämpft eine wirklich intelligente und großherzige Minderheit, aber trotz allem und immer noch eine *Minderheit* – die Partei der Republikaner –, mit Erfolg ihre verderbliche Politik. Hoffen wir, daß ihr Sieg vollständig sein wird, hoffen wir es zum Wohl der gesamten Menschheit. Doch wie immer es um die Aufrichtigkeit dieser Partei der Freiheit bestellt sein mag, wie edel und großmütig auch die Prinzipien sind, die sie vertritt, machen wir uns keine Hoffnung darauf, daß sie, einmal an die Macht gelangt, auf die Sonderstellung einer regierenden Minderheit verzichtet, um in der Masse der Nation aufzugehen, und die Selbstregierung des Volkes endlich wahr wird. Dazu bedürfte es einer Revolution ganz anderen Ausmaßes als alle, die bisher die alte und die neue Welt erschüttert haben.

In der Schweiz regiert trotz aller demokratischen Revolutionen, die hier stattgefunden haben, immer noch die Klasse der Wohlhabenden, die Bourgeoisie, das heißt die hinsichtlich des Vermögens, der Muße und der Bildung privilegierte Minderheit. Die Souveränität des Volkes – ein Wort, das wir verabscheuen, weil in unseren Augen jede Souveränität verabscheuenswert ist –, die Regierung der Massen durch sich selbst, ist auch hier bloßer Schein. Das Volk ist zwar im rechtlichen Sinne souverän, aber die Wirklichkeit sieht anders aus. Da es wohl oder übel von seiner täglichen Arbeit, die ihm keinerlei Muße läßt, vollkommen in Anspruch genommen wird und, wenn nicht gänzlich unwissend, so doch der bürgerlichen Klasse an Bildung weit unterlegen ist, hat es keine Wahl, als seine vermeintliche Souveränität in deren Hände zu legen. Der einzige Vorteil, den das Volk in der Schweiz wie in den Vereinigten Staaten von Nordamerika daraus zieht, ist der, daß die ehrgeizigen Minderheiten, die politischen Klassen, dort nicht anders an die Macht gelangen können, als indem sie es umwerben, seinen flüchtigen und manchmal höchst fragwürdigen Leidenschaften schmeicheln – und es häufig genug betrügen.

Daß aber niemand auf die Idee kommt, wir wollten die demokratische Regierung zugunsten der Monarchie kritisieren! Wir sind fest davon überzeugt, daß die unvollkommenste Republik tausend Mal besser ist als die aufgeklärteste Monarchie, denn in einer Republik gibt es immerhin Augenblicke, in denen das Volk, wenn auch weiterhin ausgebeutet, nicht unterdrückt wird. Dergleichen wird man in Monarchien niemals finden. Und außerdem bereitet das demokratische Regime die Massen allmählich auf das politische Leben vor, was die Monarchie niemals tut. Doch so sehr wir der Republik den Vorzug geben, sind wir nichtsdestoweniger zu der Erkenntnis und dem Eingeständnis gezwungen, daß es, ganz unabhängig von der Regierungsform, immer die Alleinregierung und die unvermeidliche Ausbeutung der Mehrheiten durch die Minderheiten geben wird, solange infolge *erblicher* Ungleichheit der Beschäftigungen, der Vermögen, der Bildung und der Rechte, die menschliche Gesellschaft in verschiedene Klassen gespalten bleibt.

Der Staat ist nichts anderes als diese in eine Ordnung und ein System gebrachte Herrschaft und Ausbeutung. Wir werden versuchen, den Beweis dafür anzutreten, indem wir prüfen, welche Folgen sich aus der Regierung der Volksmassen durch eine noch so intelligente und aufopferungsvolle Minderheit in einem auf dem freien Vertrag beruhenden Idealstaat ergeben.

Sind die Vertragsbedingungen einmal festgelegt, geht es nur noch darum, sie in die Tat umzusetzen. Nehmen wir also an, ein Volk, das weise genug ist, seine eigene Schwäche zu erkennen, hätte noch den nötigen Weitblick, um die Verwaltung des Gemeinwesens nur den besten Bürgern anzuvertrauen. Diese Personen haben zunächst keine rechtliche, sondern nur eine in der Sache begründete Sonderstellung. Sie sind vom Volk gewählt worden, weil sie die intelligentesten, die fähigsten, die besonnensten, die mutigsten, die ergebensten sind. Der Masse der allesamt als gleichberechtigt geltenden Bürger entnommen, bilden sie noch keine Klasse für sich, sondern eine Menschengruppe, die sich allein durch die Eigenschaften hervortut, wegen derer sie vom Volk ausgewählt werden. Naturgemäß gibt es ihrer nur sehr wenige, denn zu jeder Zeit und in jedem Land ist die Zahl der Menschen, die über solch beachtliche Vorzüge verfügen, daß sie sich wie von selbst den einmütigen Respekt einer ganzen Nation verschaffen, nicht sonderlich groß, wie uns die Erfahrung lehrt. Will es also keine schlechte Wahl treffen, wird das Volk immer gezwungen sein, seine Regierenden aus diesem Kreis zu wählen. Damit haben wir die in zwei Kategorien, um nicht zu sagen, zwei Klassen gespaltene Gesellschaft: Die eine besteht aus der großen Mehrzahl der Bürger, die sich aus freien Stükken der Regierung ihrer gewählten Vertreter unterwirft, die andere wird durch eine kleine Zahl Begünstigter gebildet, die vom Volk als solche anerkannt und von ihm damit beauftragt sind, es zu regieren. Von der Wahl des Volkes abhängig, unterscheiden sie sich von der Masse der Bürger zunächst nur durch die Eigenschaften, aufgrund derer sie sich ihrer Wahl empfohlen haben, und sind natürlich die nützlichsten und ergebensten Bürger von allen. Sie sind noch an keinerlei Privileg, keinerlei Sonderrecht zu erkennen, außer dem, die besonderen Funktionen auszuüben, die ihnen übertragen wurden – so lange das Volk sie läßt. Ansonsten unterscheiden sie sich weder durch ihre Lebensweise noch durch ihre Existenzbedingungen und -mittel in irgendeiner Weise von anderen, so daß weiterhin vollkommene Gleichheit zwischen allen herrscht.

Kann diese Gleichheit lange bestehen bleiben? Wir behaupten nein, und nichts ist leichter, als das zu beweisen.

Es gibt nichts Gefährlicheres für die persönliche Moral des Menschen als die Gewohnheit, Befehle zu erteilen. Selbst der Beste, der Intelligenteste, der Uneigennützigste, der Großmütigste, der Unbestechlichste wird dabei unweigerlich Schaden nehmen. Zwei Gefühle, die von der Macht nicht zu trennen sind, rufen diesen unaufhaltsamen moralischen Verfall hervor: *die Verachtung für die Volksmassen* und *die Überschätzung des eigenen Verdienstes.*

Die Massen, die ihr Unvermögen erkennen, sich selbst zu regieren, haben mich zu ihrem Führer gewählt. Dadurch haben sie vor aller Welt ihre *Unterlegenheit* und meine *Überlegenheit* eingestanden. In dieser Menschenmenge, in der ich kaum jemanden erblicke, der mir ebenbürtig ist, bin ich als einziger in der Lage, das Gemeinwesen zu leiten. Das Volk braucht mich, es kann meine Dienste nicht entbehren, während ich mir selbst genüge. Es muß mir also zu seinem eigenen Besten gehorchen, und indem ich geruhe, ihm zu befehlen, mache ich es glücklich. Da kann man schon den Kopf verlieren, und das Herz obendrein, und größenwahnsinnig werden, nicht wahr? So werden die Macht und die Gewohnheit, Befehle zu erteilen, für die Menschen, selbst die intelligentesten und tugendhaftesten, zu einer Quelle zugleich geistiger und moralischer Verirrung.

Jede menschliche Moral – und wir werden uns weiter unten bemühen, die absolute Wahrheit dieses Prinzips zu beweisen, dessen Entfaltung, Erläuterung und breiteste Anwendung das eigentliche Ziel dieser Schrift darstellen – jede kollektive und individuelle Moral beruht im wesentlichen auf *menschlichem Respekt*. Was verstehen wir darunter? Die Anerkennung der Menschlichkeit, des Menschenrechts und der Menschenwürde in jedem Menschen, ohne Ansehen seiner Rasse, seiner Hautfarbe, seiner geistigen und sogar moralischen Entwicklungsstufe. Doch wenn dieser Mensch dumm, bösartig und verachtenswert ist, kann ich ihn dann respektieren? Selbstverständlich kann ich unmöglich, wenn das alles zutrifft, seine Gemeinheit, Dummheit und Roheit respektieren. Ich finde sie abstoßend und empörend und werde gegebenenfalls die energischsten Maßnahmen ergreifen, ihn sogar töten, wenn mir kein anderes Mittel bleibt, um mein Leben, mein Recht und alles, was mir lieb und teuer ist, gegen ihn zu verteidigen. Aber selbst im heftigsten, erbittertsten Kampf gegen ihn, sogar wenn es auf Leben und Tod geht, muß ich sein menschliches Wesen respektieren. Meine eigene Menschenwürde hängt davon ab. Und doch, wenn er selbst niemandem diese Würde zugesteht, muß man, kann man sie ihm dann zugestehen? Wenn er eine Art wildes Tier ist oder, wie das bisweilen vorkommt, schlimmer als ein Tier, würde man dann nicht einer Täuschung unterliegen, wollte man in ihm das menschliche Wesen erkennen? Nein, denn wie niedrig auch immer sein gegenwärtiger geistiger oder moralischer Stand sein mag, wenn er nicht organisch bedingt ein Idiot oder ein Verrückter ist, in welchem Fall man ihn nicht als Verbrecher, sondern als Kranken behandeln müßte – wenn er im Vollbesitz seiner Sinne und der Geisteskraft ist, mit der die Natur ihn ausgestattet hat, macht sich, selbst inmitten seiner schlimmsten Verfehlungen, gleichwohl sein menschliches Wesen auf eine sehr reale Weise in ihm bemerkbar, nämlich als *Fähigkeit, die immer erhalten bleibt, so lange er lebt, sich zum Bewußtsein seiner Menschlichkeit zu erheben, wenn nur eine grundlegende Veränderung der gesellschaftlichen Bedingungen eintritt, die ihn so gemacht haben, wie er ist.*

Nehmen Sie den intelligentesten und am besten veranlagten Affen und lassen Sie ihm die besten, die menschlichsten Bedingungen angedeihen – Sie werden niemals einen Menschen aus ihm machen. Nehmen Sie hingegen den abgefeimtesten Verbrecher oder den geistig beschränktesten Menschen; sofern weder beim einen noch beim anderen ein organischer Schaden vorliegt, der den Idiotismus oder eine unheilbare Geisteskrankheit verursacht, werden Sie erkennen, daß wenn der eine kriminell geworden ist und der andere sich noch nicht zum Bewußtsein seiner Menschlichkeit und seiner menschlichen Pflichten fortentwickelt hat, *der Fehler nicht bei diesen oder gar in deren Natur liegt, sondern an dem sozialen Milieu, in dem sie geboren wurden und aufgewachsen sind.*

Wir berühren hier den wichtigsten Punkt der sozialen Frage und der Wissenschaft vom Menschen im allgemeinen. Wir haben schon mehrfach betont, *daß wir den freien Willen absolut negieren*, in dem Sinne, wie die Theologie, die Metaphysik und die Rechtswissenschaften dieses Wort verstehen, das heißt als ursächliche Bestimmung des individuellen menschlichen Willens durch sich selbst, unabhängig von jedem natürlichen oder sozialen Einfluß.

Wir verneinen die Existenz einer Seele, eines vom Körper getrennten und trennbaren moralischen Wesens. Wir behaupten hingegen, *daß ebenso wie der Körper des Individuums mit all seinen Fähigkeiten und instinktiven Veranlagungen nichts anderes ist als die Resultante aller allgemeinen und besonderen Ursachen, die zu seiner individuellen Gestalt geführt haben, und daß auch das, was man fälschlich seine Seele nennt: seine geistigen und moralischen Fähigkeiten das direkte Produkt oder, besser gesagt, der natürliche und unmittelbare Ausdruck eben dieser Gestalt und insbesondere des organischen Entwicklungsgrades sind, den sein Gehirn, durch das Zusammenwirken all dieser, von seinem Willen unabhängiger Ursachen, erreicht hat.*

Jedes Individuum, selbst das unbedeutendste, ist das Produkt von Jahrhunderten. Die Geschichte der Ursachen, die zu seiner Entstehung beigetragen haben, kennt keinen Anfang. Hätten wir die Gabe, die keiner besitzt und jemals besitzen wird: die unendlich vielfältigen Verwandlungen der Materie oder des Seins zu erkennen und zu erfassen, die sich allein zwischen der Entstehung unseres Planeten und seiner Geburt unaufhaltsam vollzogen haben, könnten wir, ohne dieses Individuum jemals gesehen zu haben, mit fast mathematischer Präzision seine organische Natur beschreiben, bis in die kleinsten Einzelheiten das Ausmaß und die Eigenart seiner geistigen und moralischen Fähigkeiten bestimmen – mit einem Wort, seine *Seele*, wie sie zur ersten Stunde seines Lebens beschaffen ist. Auch wenn wir unmöglich diese gesamte Abfolge dieser Verwandlungen analysieren und erfassen können, behaupten wir ohne Sorge, einen Irrtum zu begehen: *Jedes menschliche Individuum ist im Augenblick seiner Geburt zur Gänze das Produkt der historischen, das heißt physiologischen und sozialen Entwicklung seiner Rasse, seines Volkes, seiner Kaste – falls es in seinem Land Kasten gibt –, seiner Familie, seiner Vorfahren und der individuellen Veranlagung seines Vaters und seiner Mutter, die ihm auf direktem Wege, durch physiologische Vererbung – als sein natürlicher Ausgangspunkt und als Bestimmung seines individuellen Wesens – all die unvermeidlichen Auswirkungen ihrer eigenen früheren Existenz, materielle und moralische, individuelle und soziale, übermittelt haben – einschließlich ihrer Gedanken, Gefühle und Handlungen, einschließlich auch all der verschiedenen Wechselfälle ihres Lebens und der großen oder kleinen Ereignisse, an denen sie beteiligt waren, und ebenfalls einschließlich der vielfältigsten Mißgeschicke,* die ihnen widerfahren sein mögen – zusammen mit*

---

* Die Mißgeschicke, denen der Embryo während seiner Entwicklung im Mutterleib ausgesetzt ist, sind eine ausgezeichnete Erklärung für den sehr häufig anzutreffenden Unterschied zwischen Kindern derselben Eltern und machen uns klar, wie intelligente Eltern einen Idioten zum Kind haben können. Doch ist dies immer nur eine unglückliche Ausnahme, die durch die Einwirkung einer vorübergehenden und zufälligen Ursache zustande kommt. Die Natur, die dank der Nichtexistenz des lieben Gottes niemals launisch ist und nichts ohne hinreichenden Grund tut, ändert niemals ihre Tendenz und ihre Richtung, so-

allem, was sie auf die gleiche Weise von ihren eigenen Eltern geerbt haben.

Wir brauchen nicht daran zu erinnern, was übrigens auch niemand bestreitet, daß die Unterschiede der Rassen, der Völker, sogar der Klassen und Familien auf geographische, ethnographische, physiologische, ökonomische Ursachen zurückzuführen sind – (einschließlich der beiden großen Fragen: der Arbeit – der kollektiven Arbeitsteilung der Gesellschaft, der Verteilung der Reichtümer – und der Ernährung, sowohl in qualitativer wie in quantitativer Hinsicht) – sowie auf historische, religiöse, philosophische, juristische, politische und soziale Gründe. All diese Ursachen, die in jeder Rasse, jeder Nation, meist sogar in jeder Region und jeder Gemeinde, jeder Klasse und jeder Familie auf unterschiedliche Weise zusammenwirken, alle ergeben eine eigene Physiognomie, das heißt einen unterschiedlichen physiologischen Typus, eine Summe besonderer Veranlagungen und Fähigkeiten, unabhängig vom Willen der Individuen, aus denen sie bestehen und die deren reines Produkt sind.

So ist jedes menschliche Individuum, vom Augenblick seiner Geburt an, die *materielle, organische Resultante* all dieser unendlich vielfältigen Ursachen, die bei seiner Entstehung zusammenkommen. Seine Seele – das heißt seine organische Anlage zur Hervorbringung von Gefühlen, Gedanken und Willensäußerungen – ist nichts als ein Produkt. Sie ist vollkommen bestimmt durch die individuelle physiologische Beschaffenheit seines zerebralen Nervensystems, die, wie der

---

lange sie nicht durch eine höhere Gewalt dazu gezwungen ist, so daß die Regel für die Fortpflanzung der menschlichen Gattung vermittels einer Aufeinanderfolge von Paaren, die eine Familie bilden, folgendermaßen lauten muß: *Wenn jedes Paar dem physiologischen Erbe seiner Eltern eine körperliche, geistige und moralische Neuerung hinzufügen würde – da jede Höherentwicklung notwendigerweise eine vom Gehirn ausgehende, materielle Verbesserung ist –, müßte jede neue Generation ihren Eltern in allen Belangen überlegen sein.*

Rest seines Körpers, absolut von der mehr oder weniger glücklichen Kombination jener Ursachen abhängt. Die Seele bildet im wesentlichen das, was wir die *besondere, ursprüngliche Natur des Individuums* nennen.

Es gibt so viele verschiedene Naturen, wie es Individuen gibt. Diese individuellen Unterschiede äußern sich um so stärker, je mehr sie sich weiterentwickeln, oder vielmehr, sie äußern sich nicht nur stärker, *sie werden in dem Maße, wie die Individuen sich entwickeln, wirklich größer, weil die Dinge, die äußeren Umstände, kurzum, die tausend zumeist kaum wahrnehmbaren Ursachen, die die Entwicklung der Individuen beeinflussen, selbst äußerst unterschiedlich sind.* Daraus folgt: Je mehr ein Individuum im Leben voranschreitet, um so deutlicher zeichnet sich seine individuelle Natur ab, und um so stärker unterscheidet es sich, durch seine Vorzüge wie durch seine Fehler, von allen anderen Individuen.

Wie weit sind die besondere Natur oder die Seele des Individuums – das heißt die individuellen Besonderheiten des zerebralen Nervensystems – bereits beim Neugeborenen entwikkelt? Das ist eine Frage, deren Beantwortung den Physiologen zukommt. Wir wissen nur, daß all diese Besonderheiten notwendigerweise erblich sein müssen, und zwar genau so, wie wir es zu erklären versucht haben, das heißt bedingt durch eine Unzahl verschiedenster und ungleichartigster Ursachen: materielle und moralische, mechanische und physische, organische und geistige, historische, geographische, ökonomische und soziale, große und kleine, unveränderliche und zufällige, naheliegende und in Zeit und Raum sehr weit entfernte, *deren Summe nur ein einziges Lebewesen ergibt und sich, im Strom der universellen Verwandlungen, zum ersten und letzten Mal, in der Unverwechselbarkeit dieses einen Kindes äußert, das, im ganz individuellen Verständnis dieses Wortes, niemals seinesgleichen gehabt hat und haben wird.*

Bleibt zu klären, inwieweit und in welchem Sinn diese individuelle Natur in dem Augenblick, da das Kind den Mutterleib verläßt, tatsächlich schon festgelegt ist? Ist diese Festlegung eine rein materielle oder zugleich auch eine geistige und moralische, und sei es nur als Tendenz und als natürliche Fähigkeit oder als instinktive Veranlagung? Wird das Kind intelligent oder dumm geboren, gut oder schlecht, mit oder ohne Willenskraft, mit der Anlage, dieses oder jenes Talent auszubilden? Kann es den Charakter, die Gewohnheiten, die geistigen und moralischen Fehler oder Vorzüge seiner Eltern und seiner Vorfahren erben?

Das sind äußerst schwierig zu lösende Fragen, und wir bezweifeln, daß die experimentelle Physiologie und Psychologie bereits die notwendige Reife und den Wissensstand erreicht haben, um sie mit voller Sachkenntnis beantworten zu können. Unser berühmter Landsmann Sečenov[53] schreibt in seiner bemerkenswerten Arbeit über die Tätigkeit des Gehirns, daß in der großen Mehrzahl der Fälle 999/1000 der psychischen Prägung des Indi[viduums[54] durch die Erziehung im weiteren Sinne des Wortes vermittelt werden. Nur 1/1000 dagegen hängt von der (angeborenen) Individualität ab,] die dennoch im Menschen bis zu seinem Tod mehr oder weniger spürbar bleibt. »Ich behaupte nicht«, schreibt er, »daß man durch Erziehung einen Dummkopf in einen klugen Menschen verwandeln kann. Das ist ebenso unmöglich, wie jemandem, der ohne Hörnerv geboren wurde, das Gehör zu schenken. Ich glaube nur, daß man aus einem intelligenten Schwarzen, Lappen oder Baschkiren durch eine europäische Erziehung innerhalb der europäischen Gesellschaft Menschen machen könnte, die sich in psychischer Hinsicht sehr wenig von einem zivilisierten Europäer unterscheiden würden.«[55]

Bei diesem Verhältnis von 999/1000 der psychischen Prägung, die, Sečenov zufolge, Sache der Erziehung sind, zu dem einen Tausendstel, das er für eigentlich angeboren hält, hat er natürlich keine Ausnahmen berücksichtigt: weder geniale Menschen oder außergewöhnliche Talente, noch Idioten und Dummköpfe. Er hat nur von der großen Mehrzahl der Menschen mit normalen oder durchschnittlichen Fähigkeiten gesprochen. Sie sind, vom Standpunkt der Gesellschaftsordnung, die interessantesten, wir würden fast sagen, die einzig interessanten, denn aus ihnen und für sie besteht die Gesellschaft, nicht für die Ausnahmen und nicht für die Genies, so gewaltig ihre Leistung auch erscheinen mag.

Was uns an dieser Frage vor allem interessiert, ist, ob ebenso wie die individuellen Fähigkeiten auch die *moralischen Eigenschaften*: Güte oder Bosheit, Mut oder Feigheit, Charakterstärke oder -schwäche, Großzügigkeit oder Geiz, Egoismus oder Nächstenliebe und andere positive oder negative Eigenschaften dieser Art durch Eltern oder Vorfahren physiologisch vererbbar sind oder ob sie sich, unabhängig von jeder Vererbung, durch die Einwirkung irgendeiner zufälligen, bekannten oder unbekannten, Ursache im Kind herausbilden, solange es sich noch im Mutterleib befindet? Kurz gesagt, kann das Kind bei der Geburt bereits *irgendwelche moralischen Veranlagungen* mitbringen?

Wir glauben nicht. Um die Frage besser zu stellen, wollen wir zunächst davon ausgehen, daß die Existenz *angeborener* moralischer Eigenschaften nur unter der Voraussetzung denkbar wäre, daß sie beim Neugeborenen irgendeiner physiologischen, rein materiellen Bestimmung oder Besonderheit seines Organismus entsprächen: Denn wenn das Kind den Mutterschoß verläßt, hat es noch keine Seele, keinen Geist, keine Gefühle, nicht einmal Instinkte. Es wird zu all dem erst geboren. Es ist folglich ein rein physisches Wesen, und seine Fähigkeiten und Eigenschaften, wenn es welche hat, können nur rein anatomischer und physiologischer Natur sein. Damit ein Kind bereits gut, großzügig, selbstlos, mutig oder eben böse, geizig, egoistisch und feige zur Welt käme, müßte jeder dieser Vorzüge oder Fehler jeweils entsprechende materielle und sozusagen örtliche Merkmale in seinem Organismus und insbesondere in seinem Gehirn haben, was uns zum System von Gall[56] zurückbrächte, der glaubte, für jeden Vorzug oder jeden Fehler entsprechende Wölbungen oder Vertiefungen auf dem Schädel gefunden zu haben – bekanntlich wird diese Auffassung von allen modernen Physiologen einhellig verworfen.

Aber selbst wenn diese Auffassung begründet wäre, was würde daraus folgen? Wenn die Fehler, die Laster, ebenso wie die guten Eigenschaften angeboren wären, bliebe zu klären, ob sie durch die Erziehung verändert werden können oder nicht. Im ersten Fall müßte man die Schuld für alle von Menschen begangenen Verbrechen nicht ihnen selbst, sondern der Gesellschaft zuschreiben, die es nicht verstanden hätte, ihnen eine angemessene Erziehung zu geben. Die Menschen selbst wären dann vielmehr als Opfer dieser gesellschaftlichen Versäumnisse zu betrachten. Im zweiten Fall, wenn bewiesen wäre, daß die angeborenen Veranlagungen schicksalhaft und unveränderlich sind, bliebe der Gesellschaft nichts anders übrig, als sich aller Individuen, die mit irgendeinem natürlichen oder angeborenen Laster behaftet wären, zu entledigen. Nur müßte sie, um nicht selbst dem schrecklichen Laster der Heuchelei zu verfallen, zu verstehen geben, daß dies einzig um ihrer Selbsterhaltung, nicht um der Gerechtigkeit willen geschähe.

Es gibt noch eine weitere Überlegung, die zur Klärung dieser Frage beitragen kann: Im Bereich des Geistes und der Moral, ebenso wie in der physischen Welt, gibt es nur Positives. Das Negative existiert nicht, es hat kein eigenes Wesen, es ist nichts anderes als eine mal mehr, mal weniger beträchtliche Verminderung des Positiven. So ist die Kälte keine von der Wärme verschiedene Eigenschaft, sondern nur ein relativer Mangel, eine sehr starke Verminderung der Wärme! Ebenso verhält es sich mit der Dunkelheit, die nur das bis zum Äußersten verminderte Licht ist ... Absolute Dunkelheit oder Kälte gibt es nicht. Im Bereich des Geistes ist die Dummheit nur eine Verstandesschwäche, in dem Bereich der Moral sind Böswilligkeit, Habsucht und Feigheit nur die, zwar nicht auf Null, aber auf einen sehr kleinen Anteil geschrumpften Formen von Wohlwollen, Großzügigkeit und Mut. So klein er auch ist, es gibt immer einen positiven Anteil, der durch Erziehung in eine positive Richtung entwickelt, verstärkt und vergrößert werden kann – was nicht der Fall wäre, wenn die Laster oder negativen Fähigkeiten eine Eigenschaft für sich bildeten.

Dann müßte man sie abtöten, statt sie zu entwickeln, denn ihre Entwicklung könnte nur in eine negative Richtung verlaufen.

Abschließend und ohne uns anzumaßen, in diesen schwerwiegenden Fragen der Physiologie, von denen wir, zugegeben, nichts verstehen, einer Antwort vorzugreifen, möchten wir, in diesem Punkt auf die unumstrittene Autorität aller modernen Physiologen gestützt, eine letzte Überlegung anstellen: Es gilt als gesichert und bewiesen, daß es im menschlichen Organismus keine getrennten Orte und Organe für die Instinkte, Gefühle, moralischen oder geistigen Fähigkeiten gibt, sondern daß alle im *selben Teil des Gehirns* entstehen, vermittels derselben *Nervenausstattung*,* woraus eindeutig hervorzugehen

---

* Vergleiche den bemerkenswerten Artikel von Littré[57] ›Über die Methode in der Psychologie‹ in der Zeitschrift *La Philosophie positive*: »Es ist physiologisch erwiesen«, schreibt der berühmte Positivist, *»daß das Gehirn nichts erschafft; es empfängt.* Seine Funktion besteht darin, aus dem, was ihm (durch die Sinne) übermittelt wird, Gefühle und Gedanken zu machen; *aber es hat nichts mit dem Substrat dieser Gedanken und Gefühle zu tun.* Offen gestanden, alles kommt ihm von außen zu, denn die organischen Veranlagungen, ohne die sich weder das individuelle, noch das kollektive Leben erhalten könnten und ohne die es auch kein Gefühl gäbe, *sind* (dem Menschen) *derart äußerlich*, daß die Natur sie, unabhängig von jeder Beziehung zum Gehirn oder zur Psyche, schon bei den Pflanzen und vor allem bei den niedersten Tieren erzeugt. Daraus folgt, daß man die Bedeutung des Wortes *subjektiv* ein wenig verändern muß. Subjektiv kann nicht etwas bedeuten, was der Entwicklung des Menschen vorausginge, etwa ein *Ich*, ein Gedanke, ein Gefühl, ein Ideal; es kann nur *die von den Nervenzellen ausgehende Gestaltungsfähigkeit* bezeichnen. Außer in diesem Sinne, ist das Subjektive stets mit dem Objektiven vermischt« (Nr. III, S. 362). Und er schreibt weiter (S. 343-344): »Das Urteilsvermögen ist keine Fähigkeit, die über den Eindrücken schwebt, die ihr zugetragen werden. Seine einzige Aufgabe (eine rein physiologische Tätigkeit) besteht darin, sie zu vergleichen, um daraus einen Schluß zu ziehen. Aber es sitzt über sie nicht zu Gericht. Das beweist *die Halluzination*, also *die Entstehung von Eindrücken, die durch nichts Objektives* hervorgerufen werden. Durch einen Defekt der

scheint, daß von verschiedenen moralischen oder unmoralischen Veranlagungen, die schon im Organismus eines Kindes unweigerlich festgelegt wären, von besonderen Eigenschaften oder erblichen und angeborenen Lastern nicht die Rede sein kann und daß das *moralische Angeborensein* sich in keiner Weise und in keinem Punkt von dem *geistigen Angeborensein* unterscheidet. Beide beschränken sich auf einen mehr oder weniger hohen Grad an Vollendung, den die Entwicklung des Gehirns im allgemeinen erreicht.

»Sind die anatomischen und physiologischen Voraussetzungen des Denkens einmal bekannt«, schreibt Littré (S. 355), »kann man tief in seine Geschichte vordringen. Solange es noch nicht durch die Zivilisation verändert und bereichert worden ist und nur *einfache Ideen* besitzt, die von internen*

übertragenden Nervenzellen gelangen die trügerischen Eindrükke ins geistige Zentrum (»die graue Substanz der Gehirnwindungen jenes Abschnitts, der den gesamten oberen und vorderen Teil der Schädelhöhle oder des eigentlichen Gehirns einnimmt«), als wären sie real. Das Urteilsvermögen nimmt diese Scheinmaterialien auf und verarbeitet sie notgedrungen, so daß Trugbilder entstehen. Im übrigen wird, wenn man von Gehirnschäden absieht, ein ganz ähnlicher Beweis durch die historische Entwicklung menschlicher Vorstellungen erbracht: *Anfangs sind die Beobachtungen – bis auf die einfachsten – fehlerhaft, und infolgedessen ist auch das Urteil falsch.* Man sieht die Sonne im Osten auf- und im Westen untergehen, und darauf gründet das Urteilsvermögen eine falsche Vorstellung, die es erst aufgrund besserer Beobachtungen korrigiert. *Wäre das Urteilsvermögen eine ursprüngliche und keine nachfolgende Eigenschaft gewesen, wäre die menschliche Geschichte anders verlaufen* (die Menschheit hätte keinen Neffen des Gorilla zum Stammvater gehabt): *Die große Aufklärung hätte am Anfang gestanden*, und alle weiteren Erkenntnisse hätten sich durch logische Ableitung daraus ergeben. Das ist in der Tat die Hypothese der Theologie … « Littré hätte hinzufügen können: und *auch* der Metaphysik und der Rechtswissenschaft.

* Wir hätten von ursprünglichen Begriffen oder sogar von einfachen Objektvorstellungen gesprochen.

wie externen Eindrücken hervorgerufen werden, steht es auf der untersten Stufe.* Um zur höchsten zu gelangen, verfügt es nur über *Retention* und *Assoziation,** aber das genügt. Nach und nach bilden sich vollständige Verbindungen* heraus, die Kraft und Umfang der Gehirntätigkeit*** erhöhen. Und mit jedem Zeitalter unternimmt man größere geistige Anstrengungen. Die *geistige Ausrüstung* wächst und verbessert sich, und ohne Ausrüstung vollbringt man nichts Großes, im Bereich des Denkens so wenig wie in dem der Industrie.

Je weiter dieser Prozeß voranschreitet, desto mehr macht er sich eine wichtige Eigenschaft des Lebens zunutze, ich meine die Vererbung, die dazu dient, diesen Prozeß unmittelbar abzusichern und zukünftig zu erleichtern. Einmal erworben, werden die neuen Geistesgaben des Menschen, das ist experimentell erwiesen, in Form von angeborenen Eigenschaften an seine Nachkommen weitergegeben; angeborene Eigenschaften zweiten, dritten Grades, die zu geistig hochentwickelten Menschenrassen führen. Man erkennt das, wenn sich Völker begegnen, die nicht dieselbe Entwicklung durchgemacht haben: Entweder das unterlegene verschwindet, oder es erreicht erst nach langer Zeit den Stand des höherentwickelten.«

Etwas weiter, nachdem er Luys[58] mit den folgenden Worten zitiert hat: »Der Hirnbereich, in dem die leidenschaftlichen Gefühle regieren, und der, wo die rein geistigen Äußerungen ihren Sitz haben, sind untereinander auf das engste verbunden«, fügt Littré hinzu:****

»Die vollkommene Ähnlichkeit zwischen Verstand und Gefühl: nämlich eine Quelle, aus der die Nerven schöpfen,*****

---

* Die Sinneseindrücke, die das Individuum mit Hilfe seiner Nerven von *äußeren* wie von inneren Objekten erhält.

** Das Speichern einfacher Ideen im Gedächtnis und ihre Verknüpfung durch die Gehirntätigkeit selbst.

*** Durch die Verknüpfung einfacher Ideen.

**** S. 357.

***** Die Quelle, aus der die Nerven sowohl Sinneseindrücke als auch Instinktregungen schöpfen, das *gemeinsame Sensorium*, ist nach ein Zentrum, wo das, was sie schöpfen, verarbeitet wird,* sowie die Identität der beiden Zentren – all das deutet darauf hin, daß die *Physiologie des Gefühls von der des Verstandes nicht zu unterscheiden ist:*

Folglich *hat man es aufgeben müssen, im Gehirn nach Organen für die Affekte oder Leidenschaften zu suchen und begreift sie als reine Gefühlstätigkeiten, die es zu bestimmen gilt.*

Liegt die Quelle der Ideen in den Sinneseindrücken, so liegt die Quelle der Gefühle in den Instinktregungen. Die Aufgabe der Nervenzellen besteht darin, die Instinktregungen in Gefühle zu verwandeln. Die Frage nach dem Ursprung der Gefühle ist gleichbedeutend mit der nach dem Ursprung der Ideen.

Diese Art von Gehirntätigkeit erstreckt sich auf zwei Klassen von Instinktregungen, die einen gehören zu den *Instinkten der individuellen Selbsterhaltung*, die anderen zu den *Instinkten der Arterhaltung*. Die erste Kategorie wird dabei in *Eigenliebe* verwandelt, die zweite in *Nächstenliebe*; in der ur-

---

Littré und Luys der *Sehhügel*, in den alle Empfindungen münden, externe wie interne – das heißt sowohl die von äußeren Objekten hervorgerufenen, als auch die von den inneren Organen ausgehenden – , und dem alle Empfindungen »durch ein System von Fasern und Verbindungen an der Rindensubstanz (graue Substanz) der eigentlichen Gehirnwindungen übermittelt werden – dem Sitz der Fähigkeiten des Geistes und des Gefühls« (S. 340-41).

* Die graue Substanz des eigentlichen Gehirns, die aus Nervenzellen besteht: »Es steht fest, daß die Nervenzellen, aus denen die Gehirnsubstanz besteht, anatomisch gesehen, die (letzte) Endung der Nerven und damit aller internen Eindrücke, *in funktionaler Hinsicht* die Aufgabe haben, diese Eindrücke in Ideen zu verwandeln, die einmal geschaffenen Ideen nach Unterschied und Ähnlichkeit zu beurteilen, sie im Gedächtnis zu speichern, sie durch Assoziation zu verknüpfen. *Nicht mehr und nicht weniger.* Die gesamte geistige Entwicklung des Menschen hat ihren Ausgangspunkt in diesen anatomischen und physiologischen Bedingungen« (S. 352).

sprünglichen Form der Liebe des einen Geschlechts zum anderen, der Mutter für das Kind, des Kindes für die Mutter.

An dieser Stelle sei uns ein Blick auf die vergleichende Physiologie gestattet. Bei den Fischen, die, was ihre Gehirnentwicklung angeht, auf der unterste Stufe der Wirbeltiere stehen und weder Familie kennen, noch für ihren Nachwuchs sorgen, bleibt der Instinkt rein sexuell. Aber das Gefühl, das der Instinkt entstehen läßt, beginnt sich bereits bei mehreren Säugetier- und Vogelarten zu regen. Es entwickelt sich ein richtiges Eheleben, wenn auch meist nur vorübergehend. Ebenso verhält es sich mit jener Vorstufe zur Familie, die der Sorge der Eltern für die Jungen und der Jungen für die Eltern entspringt. Schließlich bilden sich bei mehreren Arten, darunter dem Menschen, zwischen den Familien ebensolche Beziehungen heraus wie zwischen den Mitgliedern derselben Familie. Und hier und dort, an einigen Stellen des Tierreichs, entsteht gesellschaftliches Leben.

Sind die Grundlagen vorhanden, ist es nicht schwer zu begreifen, *wie sich aus ursprünglichen Gefühlen*, je komplizierter das Leben wird, für das Individuum wie für die Gesellschaft, *sekundäre und zusammengesetzte Gefühle herausbilden, die ebenso unauflöslich werden, wie es im Verstandesbereich die Gedankenverbindungen sind*« (S. 357).

Es kann somit als bewiesen gelten, daß es im Gehirn keine *Spezialorgane* gibt, weder für die unterschiedlichen geistigen Fähigkeiten noch für die verschiedenen Eigenschaften, Affekte und guten wie schlechten moralischen Leidenschaften. Folglich sind die Vorzüge oder Fehler weder erblich noch angeboren, weil Vererbung und Angeborensein, wie gesagt, beim Neugeborenen nur rein physiologisch-materieller Natur sein können. Worin besteht dann die fortschreitende und historisch übertragbare Verbesserung des Gehirns? Einzig in der harmonischen Entwicklung des gesamten zerebralen Nervensystems, das heißt sowohl in der Zuverlässigkeit, Genauigkeit und Lebhaftigkeit der Nerveneindrücke als auch in der Fähigkeit des Gehirns, diese Eindrücke in Gefühle und Gedanken zu verwandeln und immer umfangreichere Gefühls- und Gedankenverbindungen herzustellen und im Gedächtnis zu speichern.

Das besondere Wesen einer Rasse, einer Nation, einer Klasse, einer Familie ist stets durch ihre Geschichte, ihre geographische und ökonomische Lage, die Art ihrer Beschäftigungen, die Quantität und Qualität ihrer Ernährung, durch ihre politische und gesellschaftliche Ordnung sowie durch Art und Ausmaß ihrer geistigen und moralischen Entwicklung – kurzum durch ihr gesamtes Leben bestimmt. Wenn sich nun infolge all dieser besonderen Bestimmungen bei den Eltern eines Kindes eines oder mehrere der organischen Funktionssysteme, die in ihrer Gesamtheit das Leben eines menschlichen Körpers ausmachen, zum Nachteil aller anderen Systeme ausgebildet haben, ist es wahrscheinlich, fast sicher, daß ihr Kind diese bedauerliche Disharmonie bis zu einem gewissen Grade erben wird – sofern es ihm nicht gelingt, diese so gut wie möglich zu beheben, sowohl durch spätere Arbeit an sich selbst als auch manchmal mit Hilfe sozialer Revolutionen, ohne welche die Herbeiführung einer vollkommeneren Harmonie in der physiologischen Entwicklung der Individuen, für sich betrachtet, zumeist aussichtslos sein wird.

Offen gestanden wird absolute Harmonie in der Entwicklung des menschlichen Körpers und folglich auch bei Ausbildung seiner Muskeln und Instinkte, seiner geistigen und moralischen Fähigkeiten in jedem Fall ein unerreichbares Ideal bleiben. Zum einen, weil die Geschichte auch physiologisch mehr oder weniger schwer (möge die Zeit kommen, da wir sagen können: immer weniger) auf allen Völkern und allen Individuen lastet, zum anderen, weil jede Familie und jedes Volk den verschiedensten Umständen und Bedingungen ausgesetzt sind, von denen immer einige ihrer vollständigen und normalen Entwicklung entgegenwirken werden.

Was auf dem Wege der Vererbung von einer Generation zur nächsten weitergegeben wird und den zur Welt kommenden Individuen *physiologisch angeboren* sein kann, das sind somit weder die Vorzüge noch die Laster, noch irgendeine Idee, Gefühls- oder Gedankenverbindung, sondern einzig und allein die Muskel- und Nervenausstattung: *die mehr oder weniger hochentwickelten und miteinander harmonierenden Organe*, mittels derer der Mensch sich bewegt, atmet, fühlt, Eindrücke von außen empfängt, Gefühle und Gedanken erzeugt, beurteilt, speichert, verknüpft und begreift. Letztere sind nichts anderes als eine Zusammenfassung dieser inneren wie äußeren Eindrücke, die durch die rein physiologische und, wie wir hinzufügen wollen, ganz und gar unwillkürliche Tätigkeit des Gehirns erst in konkrete Vorstellungen, dann in abstrakte Begriffe verwandelt werden.

Die Gefühls- und Gedankenverbindungen, deren Entwicklung und deren fortwährende Verwandlungen den ganzen geistigen und moralischen Anteil der Menschheitsgeschichte darstellen, führen im menschlichen Gehirn nicht zur Bildung neuer Organe, die ihnen jeweils entsprechen, und können auch nicht auf dem Wege physiologischer Vererbung an die Individuen weitergegeben werden. Was physiologisch vererbt wird, ist die immer stärker, größer und besser werdende Fähigkeit, die Gefühls- und Gedankenverbindungen zu erzeugen und neue hervorzubringen. Aber die Verbindungen selbst und die komplexen Ideen, die sie repräsentieren, etwa die Idee Gottes, des Vaterlandes, der Moral usw. können niemals angeboren sein und werden allein auf dem Wege *sozialer Tradition und Erziehung* auf die Individuen übertragen. Tradition und Erziehung bemächtigen sich des Kindes vom Tag seiner Geburt an. Die ganze Welt, die es umgibt, trägt ihren Stempel, sie verkörpern sich in allen geistigen und materiellen Einzelheiten der Gesellschaft, in die es hineingeboren wurde, und durchdringen so auf tausenderlei Weise sein zunächst noch kindliches, später jugendliches Bewußtsein, das unter ihrem allmächtigen Einfluß entsteht, heranreift und Gestalt annimmt.

Wenn wir Erziehung im weitesten Sinne des Wortes auffassen und nicht nur Schulunterricht und Moralpredigten darunter verstehen, sondern auch und vor allem das Beispiel, das sich ein Kind an allen Personen seiner Umgebung nimmt; den Einfluß von allem, was es hört und sieht; und nicht nur die Bildung seines Geistes, sondern auch die Entwicklung seines Körpers durch Ernährung, Hygiene, Leibesübungen – dann können wir wohl behaupten, in der vollen Überzeugung, auf keinen ernsthaften Widerspruch zu stoßen, daß jedes Kind, jeder Erwachsene, jeder junge und jeder reife Mensch das reine Produkt der Welt ist, die ihn ernährt und aufgezogen hat – ein unvermeidliches, unfreiwilliges und folglich unverantwortliches Produkt.

Er tritt ohne Seele, ohne Bewußtsein, ohne den Hauch eines Gedankens oder eines Gefühls ins Leben, aber mit einem menschlichen Organismus, dessen individuelle Eigenart durch eine Unzahl von Umständen und Bedingungen geprägt ist, die der Entstehung seines Willens vorausgehen. Und dieser Organismus ist seinerseits entscheidend für seine mehr oder weniger große Fähigkeit zur Ausbildung und Aneignung von Gefühlen, Gedanken und Gefühls- und Gedankenverbindungen, die das Werk von Jahrhunderten sind und jedem, durch die Erziehung, der er erhält, *als soziales Erbe* vermittelt werden. Ob gut oder schlecht, diese Erziehung wird ihm aufgezwungen – er ist in keiner Weise für sie verantwortlich. Sie formt ihn sozusagen nach ihrem Bilde, soweit es seine mehr oder weniger glücklich veranlagte individuelle Wesensart zuläßt, so daß er denkt, fühlt und will, was alle um ihn herum wollen, fühlen und denken.

Aber, wird man sich vielleicht fragen, wie ist es dann zu erklären, daß eine zumindest dem Anschein nach gleiche Erziehung häufig zu den unterschiedlichsten Resultaten führt, was die Entwicklung des Charakters, des Geistes und des Herzens betrifft? Und überhaupt, werden die Menschen nicht verschieden geboren? Dieser natürliche und angeborene Unterschied, wie klein auch immer, ist tatsächlich vorhanden: Unterschied des Temperaments, der Lebenskraft, der Vorherrschaft dieses Talents oder jener Gruppe von Organfunktionen über eine andere, der Auffassungsgabe und der natürlichen Fähigkeiten. Wir haben zu beweisen versucht, daß die Laster ebenso wie die moralischen Vorzüge aus dem individuellen und sozialen Bewußtsein hervorgehen und nicht physisch vererbbar sind und daß keinerlei physiologische Prägung den Menschen zum Bösen verurteilen oder ihm unwiderruflich den Zugang zum Guten versperren kann. Aber es ist uns nie in den Sinn gekommen abzustreiten, daß es sehr unterschiedliche Naturen gibt und daß die glücklicher veranlagten unter ihnen zu einer umfassenden menschlichen Entwicklung eher in der Lage sind als andere. Allerdings sind wir der Meinung, daß man heute die natürlichen Unterschiede, die die Individuen trennen, überbewertet und daß der Großteil derer, die zwischen ihnen bestehen, nicht so sehr der Natur zuzuschreiben ist als vielmehr der unterschiedlichen Erziehung, die jedem zuteil wurde. Um diese Frage zu entscheiden, müßten jedenfalls die beiden Wissenschaften, die mit ihrer Klärung betraut sind: die Physio-Psychologie oder Gehirnwissenschaft und die Pädagogik, die Wissenschaft der Erziehung oder der sozialen Entwicklung des Gehirns, den Kinderschuhen entwachsen, in denen beide derzeit noch stecken. Aber ist der physiologische Unterschied der Individuen, wie stark ausgeprägt auch immer, einmal als Tatsache anerkannt, folgt daraus selbstverständlich, daß ein an sich ausgezeichnetes Erziehungssystem, als abstraktes System, für den einen gut, für den anderen schlecht sein kann.

Um vollkommen zu sein, müßte die Erziehung sehr viel mehr als heute dem Einzelfall gerecht werden, und zwar im Sinne der Freiheit und einzig und allein aus Respekt vor der Freiheit, selbst der des Kindes. Sie dürfte nicht auf die *Dressur* des Charakters, des Geistes, des Herzens ausgerichtet sein, sondern darauf, sie zu freier und selbständiger Entfaltung anzuregen. Sie sollte kein anderes Ziel verfolgen als die Erlangung der Freiheit; keinen anderen Glauben oder vielmehr keine andere Moral haben, keinem anderen Gegenstand Respekt zollen, als: der Freiheit aller und jedes einzelnen; der einfachen Gerechtigkeit, nicht im juristischen, sondern im menschlichen Sinne; der einfachen Vernunft, nicht der theologischen oder metaphysischen, sondern der wissenschaftlichen; und schließlich der Arbeit, der geistigen wie der körperlichen, als Pflicht für alle und oberste Voraussetzung jeglicher Würde, jeglicher Freiheit und jeglichen Rechts. Eine solche Erziehung, allen, Frauen wie Männern, in großem Umfang erteilt, und zwar auf den ökonomischen und sozialen Grundlagen strikter Gerechtigkeit, würde viele der sogenannten natürlichen Unterschiede zum Verschwinden bringen.

So unvollkommen die Erziehung auch bisher gewesen sein mag, könnte man uns entgegenhalten, mit ihr allein ist die unbestreitbare Tatsache nicht zu erklären, daß man in solchen Familien, denen es am meisten an Moralgefühl gebricht, nicht selten auf Individuen stößt, die uns durch ihren Edelmut und ihre vornehme Gesinnung beeindrucken, während andererseits in den geistig und moralisch höchststehenden Familien nur allzu oft gemeine und herzlose Individuen anzutreffen sind. Diese Tatsache scheint ganz und gar der Auffassung zu widersprechen, daß der größte Teil der geistigen und moralischen Eigenschaften des Menschen der Erziehung zu verdanken sei, die er erhalten hat. Aber das ist nur ein scheinbarer Widerspruch. Zwar haben wir tatsächlich behauptet, daß in der großen Mehrzahl der Fälle der Mensch fast ausschließlich das Produkt der sozialen Bedingungen ist, unter denen er sich entwickelt, und haben der physiologischen Vererbung, den natürlichen Fähigkeiten, die er bei der Geburt mitbringt, nur eine vergleichsweise geringe Beteiligung eingeräumt, doch haben wir letztere niemals bestritten. Wir haben sogar zugegeben, daß in gewissen Ausnahmefällen, bei genialen Begabungen und großen Talenten zum Beispiel, aber auch bei Idioten oder sehr boshaften Naturen, dieser Anteil eines natürlich bedingten Einwirkens auf die Entwicklung des Individuums – mit ebenso unausweichlichen Folgen wie der Einfluß von Erziehung und Gesellschaft – sogar sehr groß sein kann. Das letzte Wort in all diesen Fragen hat die Gehirnphysiologie, aber diese ist bis heute noch nicht soweit gelangt, sie auch nur annähernd beantworten zu können. Das einzige, was wir heute mit Bestimmtheit sagen können, ist, daß es bei all diesen Fragen um den Streit zweier Fatalismen geht: der natürliche, organische Fatalismus physiologischer Vererbung und der des Erbes der sozialen Tradition und Erziehung, der politischen, ökonomischen und sozialen Ordnung jedes Landes. Für den freien Willen ist da kein Platz.

Aber abgesehen von der natürlichen, positiven oder negativen, Prägung des Individuums, die es in einen mehr oder weniger scharfen Konflikt zu dem in seiner ganzen Familie herrschenden Geist bringen kann, wird es in jedem Einzelfall noch weitere, verborgene Ursachen geben, die zumeist immer noch unbekannt sind, denen wir aber große Aufmerksamkeit schenken müssen. Ein Zusammenspiel besonderer Umstände, ein unvorhergesehenes Ereignis, ein manchmal an sich ziemlich belangloser Zufall, die unverhoffte Begegnung mit einer Person, manchmal ein Buch, das jemandem im richtigen Moment in die Hände fällt, all das kann bei einem Kind, einem Heranwachsenden oder einem jungen Menschen, dessen gärende Phantasie noch für alle Eindrücke des Lebens offen ist, eine umwälzende Veränderung herbeiführen, im guten wie im schlechten. Berücksichtigen Sie noch des weiteren die Spannkraft, die allen jungen Naturen eigen ist, vor allem wenn sie über ein gewisses Maß an Willensstärke verfügen, die sie gegen allzu aufdringliche und unnachgiebig beharrende Einflüsse aufbegehren läßt und dank derer manchmal sogar ein Übermaß an Schlechtem noch Gutes bewirken kann.

Kann ein Übermaß an Gutem oder dessen, was man gemeinhin das Gute nennt, seinerseits Schlechtes bewirken? Ja, wenn es als absolutes Zwangsgesetz auftritt, egal ob als religiöses, doktrinär-philosophisches, politisches, juristisches, soziales oder als patriarchales Gesetz der Familie – kurzum wenn es, so gut es auch erscheinen mag oder wirklich ist, dem Individuum als Negation der Freiheit entgegentritt und nicht vielmehr selbst deren Produkt ist. Dann aber ist ein Aufbegehren gegen das derart erzwungene Gute nicht nur natürlich, sondern vollkommen statthaft: Alles andere als ein Übel, ist es selbst ein Segen, denn es gibt kein Gutes ohne Freiheit. Die Freiheit ist die Quelle und absolute Bedingung alles Guten, das diesen Namen wirklich verdient, das *Gute ist nichts anderes als die Freiheit.*

Diese Wahrheit, die uns so einfach erscheint, zu erläutern und zu beweisen, ist der einzige Zweck dieser Schrift. Kehren wir nun zu unserer Frage zurück.

Beispiele für den selben Widerspruch, dieselbe offenkundige Fehlentwicklung liefert uns oftmals, auf größerer Ebene, die Geschichte der Nationen. Wie ist es zum Beispiel zu erklären, daß die jüdische Nation, einst die engstirnigste und maßloseste, die es auf der Welt gab – derart selbstherrlich und engstirnig, daß sie das sozusagen absolute Privileg göttlicher Auserwähltheit zur wesentlichen Grundlage ihrer gesamten Existenz als Nation machte und sich selbst als das über alle anderen erhabene Volk aufspielte, bis hin zu der Anmaßung, ihr Gott Jehova, der Gottvater der Christen, wäre in seiner väterlichen Fürsorge um seinetwillen zu den schlimmsten Grausamkeiten gegenüber allen anderen Nationen bereit gewesen und habe ihm deshalb befohlen, alle anderen Völker, die vor ihm das gelobte Land besiedelt hatten, mit Feuer und Schwert zu vertilgen, um seinem Erlöservolk den Weg frei zu machen – wie ist es zu erklären, daß eine Gestalt wie Jesus Christus, der Begründer einer völkerverbindenden Weltreligion und damit zugleich Vernichter der jüdischen Nation als politischer und gesellschaftlicher Einheit, ihr hat entstammen können? Wie ist es dieser in sich geschlossenen Nation gelungen, einen Reformator, einen religiösen Revolutionär hervorzubringen als Verkünder …[59]

Anmerkungen

1 Gemeint sind die gescheiterten polnischen Aufstände von 1830/31 und 1863/64. Letzterer war im Januar 1863 in dem vom Russischen Kaiserreich annektierten Teil Polens ausgebrochen und konnte erst Ende 1863/Anfang 1864 vollständig von russischen Truppen unterdrückt werden.

2 Michail Nikolaevič Murav'ev (1796-1866), russischer General. 1863-1865 Gouverneur in Polen. Während des polnischen Aufstands 1863 erhielt er den Beinamen »Henker Polens«. Von seinem Verwandten Sergej Ivanovič Murav'ev-Apostol, der 1826 für die Teilnahme am Dekabristenaufstands gehenkt wurde, soll er sich mit den Worten distanziert haben: »Ich gehöre nicht zu den gehenkten Murav'evs, sondern zu den Henkern.«

3 Maximilien de Robespierre (1758-1794) und Louis-Antoine de Saint-Just (1767-1794), führende Jakobiner während der Französischen Revolution.

4 *Historisches Recht* – Gemeint sind historisch begründete Gebietsansprüche.

5 *Jerusalemer Schlüsselfrage* – Gemeint ist der Streit griechisch-orthodoxer und römisch-katholischer Mönche um die Kontrolle über die heiligen Stätten in Jerusalem, Nazareth und Bethlehem, in den sich Zar Nikolaus I. und Napoleon III. einschalteten. Der Konflikt wurde zum äußeren Anlaß des Krimkrieges (1853-56).

6 Albrecht Wenzel Eusebius Fürst von Wallenstein (1583-1634) und Johann Tserclaes Graf von Tilly (1559-1632), Feldherren des Dreißigjährigen Krieges, nacheinander Oberbefehlshaber der verbündeten Truppen des Kaisers und der Katholischen Liga.

7 Auf der Eröffnungssitzung des Genfer Gründungskongresses der ›Liga für Frieden und Freiheit‹ (9. September 1867) wurden dessen Reglement und Programm verabschiedet, die von den Vorbereitungskomitees des Kongresses in Paris und Genf erarbeitet worden waren. Das Programm war in drei Fragenkomplexe unterteilt, dessen erster mit der Frage endete (zeitgenössische Übersetzung): » [...] gibt es eine andere Lebensbedingung eines dauernden Friedens zwischen den Nationen, als die Freiheit jedes einzelnen Volks und in ihren internationalen Beziehungen die Errichtung einer Conföderation freier Demokratien, welche die ›Vereinigten Staaten Europa's‹ bilden?« (*Der Vorbote. Politische und sozial-ökonomische Monats-*

schrift. Zentral-Organ der Sektionsgruppe deutscher Sprache der Internationalen Arbeiterassociation, 2. Jg., Nr. 10, Oktober 1867, S. 151)

8 Das mit der Leitung des Gründungskongresses der ›Liga‹ beauftragte Komitee (*Comité-directeur*) brachte in der dritten Kongreßsitzung eine Beschlußvorlage ein, die am letzten Kongreßtag (12. September 1867) in folgender Form mehrheitlich vom Kongreß angenommen wurde (zeitgenössische Übersetzung):

»In Betracht, daß die Regierungen der großen europäischen Staaten sich *unfähig* erwiesen haben, den Frieden zu sichern und die naturgemäße Entwicklung aller moralischen und materiellen Kräfte der modernen Gesellschaft zu fördern;
In Betracht, daß die Existenz und Vermehrung der permanenten Armeen den Krieg in latentem (dauerndem) Stande erhalten und mit der Freiheit und Wohlfahrt aller Klassen der Gesellschaft, besonders aber der Arbeiterklasse, unvereinbar sind;
Beschließt der Internationale Kongreß, mit dem Wunsche, den Frieden auf der Grundlage der Demokratie und der Freiheit zu begründen:
Es sei eine Friedensliga, eine wahre kosmopolitische Verbündung (Föderation) zu gründen;
Daß es die Pflicht eines jeden Mitgliedes dieses Bundes sei, die öffentliche Meinung zu bearbeiten und aufzuklären über die wahre Natur einer Regierung, als Vollstreckerin des allgemeinen Willens, durch dauernde Anstrengungen die Ersetzung der stehenden Armeen durch Nationalmilizen vorzubereiten;
In allen Ländern die Lage der besitzlosen Arbeiterklassen auf die Tagesordnung zu setzen, damit die persönliche und allgemeine Wohlfahrt, die politische Freiheit der Bürger sich befestige;
Beschließt im Fernern, daß ein permanentes Zentral-Komite erstellt werde, mit dessen Organisation das leitende Komite beauftragt sei.« (ebd., S. 151-152)

9 Von Seiten des Genfer Publikums wurden die beiden letzten Tage des Gründungskongresses der ›Liga‹ überwiegend mit Ablehnung verfolgt. Eine Gruppe Genfer Politiker, denen die radikale Tendenz des Kongresses zu weit ging, versuchte die Annahme politischer Forderungen durch den Kongreß zu verhindern und trat dafür ein, lediglich organisatorische Beschlüsse zu fassen. Da es ihnen jedoch nicht gelang, ihre Auffassungen

durchzusetzen, versuchten sie in der stürmischen Schlußsitzung vom 12. September 1867, eine vorzeitige Auflösung des Kongresses zu erzwingen.
Das Leitungskomitee des Kongresses stand dadurch unter massivem Druck, den Wortlaut seiner Beschlußvorlage (siehe Anm. 8) im Ausdruck zu mildern, eine Mäßigung, die Bakunin in den folgenden Absätzen als Tendenz zu Zweideutigkeiten, Unterschlagungen, Halbwahrheiten usw. kritisiert.

10 Bakunins vorliegende Schrift wurde dem Zentralkomitee der ›Liga‹ mit Sitz in Bern im Namen der russischen (Nikolaj Žukovskij und Nikolaj Ogarev), zweier polnischer (Walerian Mroczkowski und Jan Zagórski) und eines französischen Mitglieds (Alfred Naquet) dieses Komitees vorgelegt.

11 Auf der ersten Sitzung des Gründungskongresses der ›Liga‹ empfahl der Basler Kongreßdelegierte Schmidlin dem Publikum, die Politik der Nichteinmischung in die »inneren Angelegenheiten« anderer Staaten zu befolgen und sich darauf zu beschränken, mit friedlichen und legalen Mitteln auf die öffentliche Meinung zu wirken. »Wenn wir uns dazu verbinden wollen«, erklärte er abschließend, »die große Idee zu verbreiten und zu propagieren, daß der Frieden zugleich eine große Wohltat und eine internationale Pflicht ist, werden wir bald die Zahl unserer Anhänger verzehnfacht haben und in einigen Jahren mächtiger sein als die Könige.« (Annales du Congrès de Genève [9-12 septembre 1867]. Préliminaires, les quatre séances, appendice. Publié sous les auspices du Comité central permanent de la Ligue internationale de la Paix et de la Liberté et par les soins du Comité de Genève. Genf 1868, S. 131).

12 *Cäsarismus* – Machtausübung, die an die Herrschaft der römischen Kaiser (Cäsaren) erinnert: Die Staatsgewalt wird, gestützt auf das Militär, von einem Despoten mit unbeschränkten Vollmachten ausgeübt, der seine Herrschaft jedoch durch Plebiszite und scheindemokratische Institutionen formal auf den Willen des Volkes gründet. Der Begriff wurde im 19. Jahrhundert zunächst für die politischen Systeme Napoleons I. und Napoleons III. geprägt.

13 Nach der Niederschlagung des polnischen Aufstandes von 1863/64 durch russischen Truppen (siehe Anm. 1) wurden dem von Rußland annektierten Teil Polens sämtliche Autonomierechte entzogen und eine intensive Russifizierung in Gang gesetzt. Zugleich wurde eine einschneidende Agrarreform vollzogen, die als (quasi-demokratische) Stärkung des Bauernstandes

propagiert wurde, tatsächlich aber der polnischen Aristokratie die Existenzmittel entziehen sollte, um weitere Aufstände unmöglich zu machen.

14 Der Herrschaft Napoleons I. und Napoleons III., auf deren Eroberungskriege sich Bakunin hier bezieht, waren republikanische Regierungssystemen vorangegangen, die aus den Revolutionen von 1789 bzw. 1848 hervorgegangen waren.

15 Bezugspunkte für Bakunins historische Betrachtungen bilden im folgenden der »Sonnenkönig« Ludwig XIV., der Bankrott des französischen Königtums unter seinen beiden Nachfolgern und die Große Französische Revolution von 1789.

16 Bakunin bezieht sich auf die staatliche Reorganisation Frankreichs durch die von Konstituante und Konvent (Nationalversammlung) in den Jahren 1791 und 1793 erlassenen Verfassungen. In der Zeit der Schreckensherrschaft des von Robespierre und Saint-Just dominierten Wohlfahrtsausschusses (1793/1794) wurde der zentralistische Staatsaufbau ins Extrem gesteigert, während ein Teil der oppositionellen Girondisten eher einem föderalistischen Modell zuneigte. Nach Bakunins Ansicht bereitete die Erneuerung des Zentralismus in Frankreich der Herrschaft Napoleons I. (1769-1821, 1804-1815 französischer Kaiser) den Weg.

17 *Deutscher Bund* – Der im Jahre 1815 als Nachfolgeorganisation des Deutschen Reichs gegründete Deutsche Bund war ein lose gefügter Staatenbund, dem neben vier Reichsstädten 35 souveräne Fürsten angehörten. Einziges Organ war der Bundestag in Frankfurt am Main, der sich aus Gesandten der Regierungen zusammensetzte – eine wie auch immer geartete Mitwirkung der Bevölkerung war darin nicht vorgesehen. Seit der Reorganisation des Deutschen Bundes nach der Niederlage der Revolution von 1848/49 trat der Gegensatz zwischen den Bundes-Mitgliedern Preußen und Österreich immer stärker hervor, der sich schließlich im preußisch-österreichischen Krieg von 1866 entlud. In dessen Folge wurde der Deutsche Bund aufgelöst.

18 Giuseppe Mazzini (1805-1872), italienischer Freiheitskämpfer, Haupt der radikalen Richtung innerhalb der italienischen Einigungsbewegung (*Risorgimento*).

19 *Schreckensherrschaft* – Zeit der Jakobiner-Diktatur und des von ihnen dominierten Wohlfahrtsausschusses (1793/1794); sie endete am 27./28. Juli 1794 mit dem Sturz und der Hinrichtung Robespierres und 21 seiner Anhänger.

20 Gemeint ist der amerikanische Bürgerkrieg (Sezessionskrieg) (1861-1865) zwischen den Nordstaaten der USA und elf aus der Union ausgetretenen Südstaaten.

21 *Pauperismus* – Verarmung großer Teile der Bevölkerung.

22 *Babouvismus* – Lehre des französischen Sozialisten François-Noël »Gracchus« Babeuf (1760-1797). Babeuf gründete im März 1796 eine Geheimgesellschaft und plante einen als »Verschwörung der Gleichen« bekannt gewordenen Aufstandsversuch gegen die französische Direktorial-Regierung. Er wurde mit zahlreichen seiner Anhänger verhaftet, vor Gericht gestellt und am 28. Mai 1797 zusammen mit seinem Mitstreiter Augustin Darthé in Paris hingerichtet. Große Wirkung entfaltete die Darstellung seiner Lehre durch Filippo Buonarotti (1761-1837), der später ein Buch über die Verschwörung der Gleichen publizierte (Conspiration pour l'Égalité dite de Babeuf. 2 Bände, Brüssel 1828).

23 Étienne Cabet (1788-1856), französischer Sozialist, veröffentlichte 1840 den Roman ›Voyage en Icarie‹ (Reise nach Ikarien), den er während eines fünfjährigen Aufenthaltes (1834-1839) als Emigrant in London verfaßt hatte. Die darin beschriebene kommunistische Staatsutopie und andere von einem pazifistischen Kommunismus geprägte Schriften von Cabet übten einen starken Einfluß auf die französische Arbeiterbewegung der 1840er Jahre aus.

Louis Blanc (1811-1882), französischer Sozialist, faßte sein Programm in der Schrift ›Organisation du Travail‹ (Organisation der Arbeit) zusammen, das 1839 zunächst auszugsweise in der *Revue du Progrès, politique, social et littéraire*, später vollständig als Buch erschien (Paris o.J. [1840], beschlagnahmt). Hierin propagierte Blanc eine Änderung der gesellschaftlichen Verhältnisse durch die Regierung, »die, als höchste Regulationsinstanz der Produktion, mit großer Schlagkraft ausgestattet sein soll, um ihre Aufgaben zu erfüllen« (ebd., S. 108). 1848 Mitglied der provisorischen Regierung, danach bis 1870 im Exil.

24 Claude-Henri de Saint-Simon (1760-1825), französischer Sozialist. Der später im Text erwähnte saint-simonistische »Kult des Fleisches« usw. bezieht sich auf die von Enfantin (siehe Anm. 25) und anderen vorgenommene Weiterentwicklung der Lehre Saint-Simons.

Charles Fourier (1772-1837), französischer Sozialist, entwickelte eine als »Phalansterium« bezeichnete genossenschaftliche Produktions- und Lebensgemeinschaft (siehe Anm. 27).

25 Barthélemy Prosper »Père« Enfantin (1796-1864), Schüler von

Saint-Simon. Bei der Konstituierung der Saint-Simonisten als »Kirche« (31. Dezember 1829) wurde Enfantin zu einem der beiden »Höchsten Väter« (*PÈRES suprêmes*) ausgerufen; ihm hierarchisch nachgeordnet befanden sich die »Väter des Kollegiums« sowie verschiedene Grade von Mitgliedern. In der zur saint-simonistischen »Religion« verwandelten Lehre verankerte er das Ziel der Frauen-Emanzipation, die Abschaffung der bürgerlichen Ehe und die Forderung nach sexueller Freiheit (»Emanzipation des Fleisches«).

26 *2. Dezember [1851]* – Staatsstreich von Louis Bonaparte (1808-1873) zur Erlangung umfassender Regierungsvollmachten. Ein Jahr später (2. Dezember 1852) wurde er nach einer Volksabstimmung zum französischen Kaiser ausgerufen (›Napoleon III.‹). Victor Considérant (1808-1893), Schüler Fouriers, seit 1837 Führer der fourieristischen Organisation ›École sociétaire‹. Ab 1843 erschien unter Considérants Leitung (bzw. seit seiner Flucht nach Brüssel im Juni 1849 unter seinem Einfluß) die fourieristische Zeitung *La Démocratie pacifique. Journal des intérêts des gouvernements et des peuples* (1843-1850 als Tageszeitung, bis 1851 als Wochenzeitung).

27 *Phalansterium (phalanstère)* – von Fourier (siehe Anm. 24) entwickelte genossenschaftliche Produktions- und Lebensgemeinschaft, benannt nach der Phalanx-Schlachtordnung im antiken Griechenland. In den locker föderierten Phalansterien sollten je etwa 1600 Menschen verschiedenster Charaktertypen zusammenleben, in harmonisch konkurrierenden Gruppen abwechslungsreiche und attraktive Arbeit und Muße finden und dabei frei ihren Neigungen nachgehen können.

28 Pierre-Joseph Proudhon (1804-1865), französischer Sozialist, Mitbegründer des Anarchismus. Die von ihm im Januar 1849 gegründete ›Volksbank‹ (*Banque du Peuple*), auf die sich Bakunin später im Text bezieht, stellte eine Kombination aus Wechsel-, Wertpapier-, Noten-, Geschäfts-, Kredit- und Hypothekenbank dar. Sie sollte auf der Grundlage von Umlauf-Gutscheinen (*bons de circulation*) und Niedrigzins-Krediten den mittellosen Bevölkerungsschichten zu wirtschaftlicher Tätigkeit verhelfen. Nach zwei Monaten hatte die Volksbank bereits 12.000 Mitglieder, die insgesamt 36.000 Fr. eingezahlt hatten. Aufgrund der Nichterreichung des gesetzlich vorgeschriebenen Mindestkapitals von 50.000 Fr. und aufgrund der Verurteilung zu einer dreijährigen Gefängnisstrafe konnte Proudhon das Projekt nicht weiterverfolgen.

Eine kritische Gesamtwürdigung der Theorien Proudhons hat Bakunin in Schriften der Jahre 1872/73 unternommen, in denen Bakunin schrieb, Proudhon sei

> »trotz all seiner Bemühungen, sich auf den Boden der Realität zu stellen, ein Idealist und Metaphysiker geblieben. Sein Ausgangspunkt ist die abstrakte Idee des Rechts; vom Recht kommt er zum ökonomischen Faktum, aber Marx hat im Gegensatz zu ihm jene unbezweifelbare Wahrheit ausgesprochen und bewiesen, jene Wahrheit, die durch die ganze vergangene und gegenwärtige Geschichte der menschlichen Gesellschaft, der Völker und Staaten gestützt wird, daß nämlich das ökonomische Faktum immer dem juristischen und politischen Recht vorausgegangen ist.« »Dies ist ein großer und fruchtbarer Gedanke, den er [Marx] nicht ganz und gar erfunden hat; er wurde von vielen andern aus der Ferne gesehen und zum Teil zum Ausdruck gebracht, aber ihm gehört schließlich die Ehre, ihn fest begründet und seinem ganzen ökonomischen System zugrunde gelegt zu haben. Andererseits hatte Proudhon die Freiheit viel besser als er begriffen und gefühlt. Wenn Proudhon sich nicht mit Doktrin und Metaphysik abgab, hatte er den wahren Instinkt des Revolutionärs – er betete Satan an und proklamierte die An-archie. Es ist leicht möglich, daß Marx sich *theoretisch* zu einem noch rationelleren System der Freiheit erheben kann als Proudhon, aber Proudhons Instinkt fehlt ihm. [...] Daher gibt es die beiden entgegengesetzten Systeme: das anarchische System von Proudhon, das wir erweitert, entwickelt und von all seinem metaphysischen, idealistischen, doktrinären Aufsatz befreit haben, indem wir klipp und klar die Materie in der Wissenschaft und die soziale Ökonomie in der Geschichte als Grundlage aller weiteren Entwicklungen annahmen. Und das System von Marx, des Chefs der deutschen Schule der autoritären Kommunisten.« (Michael Bakunin: Ausgewählte Schriften. Herausgegeben von Wolfgang Eckhardt. Band 4. Berlin 1999. S. 290. – Michael Bakunin: Gesammelte Werke. Band 3. Berlin 1924, S. 116-117)

29 Auguste Comte (1798-1857), französischer Philosoph, gilt als einer der Begründer des (von ihm so genannten) Positivismus (*philosophie positive*). Comtes Wissenschaftsauffassung, auf die sich Bakunin im Text mehrfach bezieht, gründete sich auf die Beschreibung von Tatsachen, das heißt von (aufgrund sinn-

licher Erfahrung) beschreibbaren Phänomenen, nicht auf vorgefaßte Ideen und Mutmaßungen. Die Wissenschaften ordnete Comte nach abnehmender Abstraktheit und zunehmender Konkretheit; ihre Vollendung sah er in der Soziologie, eine Bezeichnung, die er anstelle des bisher verwendeten Begriffs ›soziale Physik‹ einführte.

30 *Aktivbürger, Passivbürger* – wahlberechtigte und nicht wahlberechtigte Bürger nach dem Zensuswahlrecht. (Anmerkung des Übersetzers)

31 Alexandre Dumas (der Ältere) (1802-1870) französischer Schriftsteller, Verfasser einer Reihe von historischen Romanen (›Der Graf von Monte Christo‹, ›Die drei Musketiere‹) und Theaterstücken. Das von Bakunin zitierte Lied der Girondisten verfaßte Dumas im Zusammenhang mit seinem am 3. August 1847 im Pariser ›Théâtre-Historique‹ uraufgeführten Revolutionsdrama ›Le Chevalier de Maison-Rouge‹, in dem das Lied unter anderem am Schluß erklingt (siehe Alexandre Dumas: Théâtre complet. Band 11. Paris 1886, S. 166).

32 *Februarrevolution* – Nach Barrikadenkämpfen in Paris mußte der französische König Louis-Philippe am 24. Februar 1848 abdanken. Am Folgetag wurde die Republik proklamiert und eine provisorische Regierung gebildet, der Liberale und Sozialisten angehörten; Arbeitsminister Louis Blanc proklamierte das ›Recht auf Arbeit‹ und ließ (als unrentabel kritisierte) Nationalwerkstätten zur Versorgung von Arbeitslosen errichten.

33 *Juni-Aufstand* – Die mit einer Reihe von Maßnahmen eingeleitete Schließung der Nationalwerkstätten führte vom 24. bis 26. Juni 1848 in den verarmten Pariser Stadtbezirken zu einem spontanen Volksaufstand. Bei der Niederschlagung des Aufstands durch Truppen unter dem Kommando des Kriegsministers Louis-Eugène Cavaignac, der »zur Wiederherstellung der Ordnung« mit diktatorischen Vollmachten ausgestattet worden war, wurden ca. 10.000 Menschen getötet. Nach Bakunins Ansicht bedeutete die Niederschlagung des Juni-Aufstands den ersten Sieg der gegenrevolutionärer Kräfte, wodurch der Regierung Louis-Napoleons, der im Dezember 1848 zum Präsidenten gewählt wurde, der Weg geebnet wurde.

34 Gemeint ist die 1864 in London gegründete Internationale Arbeiter-Assoziation (Erste Internationale).

35 Die *Reform League* wurde im Frühjahr 1865 in London gegründet. Sie unterstützte die englische Wahlreformbewegung, die im Jahre 1867 die Annahme der *Second Reform Bill* durch

das englische Parlament erreichte, mit der das Wahlrecht ausgeweitet wurde.

36 Charles Sumner (1811-1874), amerikanischer Politiker, einer der Wortführer der Bewegung zur Abschaffung der Sklaverei, seit 1851 Mitglied des Senats für Massachusetts. Nach dem Amerikanischen Bürgerkrieg (siehe Anm. 20) trat Sumner zunächst erfolglos dafür ein, den befreiten Sklaven der Südstaaten das Wahlrecht zu geben, Land an sie zu verteilen und für ihre Kinder unentgeltliche Schulen einzurichten.

37 *Deismus* – in der Zeit der Aufklärung entstandene philosophische Weltanschauung, nach der Gott seit der Schöpfung keinen Einfluß mehr auf die Welt nehme und sein Wille sich auch nicht in Offenbarungen mitteile.

38 Georg Wilhelm Friedrich Hegel: Encyklopädie der philosophische Wissenschaften im Grundrisse. Zum Gebrauch seiner Vorlesungen. Heidelberg 1817 (eine 2. und 3. vermehrte Auflage erschien 1827 und 1830). Die ›Encyklopädie‹ ist die einzige Gesamtdarstellung, die Hegel von seiner Philosophie gegeben hat, und diente als Leitfaden bei seinen Universitätsvorlesungen. Bakunin hat die ›Encyklopädie‹ in den Jahren 1837/38 durchgearbeitet und ausführliche Auszüge bei der Lektüre angefertigt (publiziert in Aleksandr A. Kornilov: Molodye gody Michaila Bakunina. Iz istorii russkago romantizma. Moskau 1915, S. 697-710).

39 Aristoteles (384-322 v. Chr.), griechischer Philosoph, seine ›Poetik‹ ist vor allem wegen der Bestimmung der »Kartharsis« (seelischen Reinigung) als Ziel der Tragödie bekannt. (A.d.Ü.)

40 *Pythagoreer* – Von Pythagoras gegen Ende des 6. Jahrhundert v. Chr. in Unteritalien gegründeter Bund seiner Anhänger, deren Anschauungen nur unvollständig überliefert sind. Aristoteles berichtete in seiner Schrift ›Über den Himmel‹, die Pythagoreer behaupteten, »im Mittelpunkt [des Weltalls] sei Feuer, die Erde aber, welche selbst eines der Gestirne sei, werde im Kreis um den Mittelpunkt bewegt und bewirke hierdurch Tag und Nacht« (Aristoteles: De caelo. B 13, 293a).

41 *Resultante* – in der Vektorrechnung die Summe mehrerer nach dem Kräfteparallelogramm addierter Kräfte.

42 *Bileam* – In der Bibel Prophet aus Mesopotamien, dessen Eselin einen Engel sah und zu sprechen begann (Altes Testament, 4. Buch Mose, 22).

43 Ludwig Feuerbach (1804-1872), deutscher Philosoph, übte auf die philosophischen Auffassungen Bakunins sowie vieler

Linkshegelianer entscheidenden Einfluß aus. – Bakunin hat sich auf das im Text folgende Feuerbach-Zitat auch in seiner Schrift ›L'Internationale et Mazzini‹ bezogen; als Quelle hat er dort Feuerbachs Hauptwerk ›Das Wesen des Christentums‹ angegeben (Archives Bakounine. Herausgegeben von Arthur Lehning. Band 1, Teil 1. Leiden 1961, S. 76). Bakunin zitiert jedoch nicht wortwörtlich aus diesem Werk Feuerbachs, sondern scheint die im Text zitierte Aussage aus seiner Erinnerung rekonstruiert zu haben.

44 *Naturalismus, Naturalisten* – hier: im 17. Jahrhundert entstandene philosophische Weltanschauung (bzw. deren Anhänger), die sowohl die Einzelphänomene der Welt als auch deren Gesamtzusammenhang allein aus der Natur zu begreifen versucht.

45 *Pantheismus* – philosophisches und religiöses Konzept, nach der Gott in allen Dingen der Welt existiert bzw. Gott und Weltall identisch sind.

46 *Anthropomorphismus* – Projektion menschlicher Eigenschaften auf Außermenschliches (Götter, Gestirne, Naturphänomene usw.).

47 Jean-Jacques Rousseau (1712-1778), französisch-schweizerischer Philosoph. In seinem 1762 erschienenen Werk ›Du Contrat Social‹ (Über den Gesellschaftsvertrag) verherrlichte er den politisch mündigen Bürger, der durch bewußte Abtretung seiner Naturfreiheit an einen Gesamtwillen (*volonté générale*) den idealen Staat schafft.

Bakunin hat verschiedentlich gegen Rousseau und dessen Theorie des aus einem freien Gesellschaftsvertrag hervorgegangenen Idealstaats Stellung genommen. In einem Vortrag vor den Arbeitern des Tals von St. Imier (Schweiz) erklärte Bakunin im Mai 1871:

> »Diese von J. J. Rousseau, dem schädlichsten Schriftsteller des achtzehnten Jahrhunderts, dem Sophisten, der alle bürgerlichen Revolutionäre inspirierte, proklamierte Theorie deutet auf eine vollständige Unkenntnis der Natur und der Geschichte. Nicht in der Vergangenheit, nicht einmal in der Gegenwart dürfen wir die Freiheit der Massen suchen, sondern in der Zukunft – in einer nahen Zukunft: an jenem morgigen Tag, den wir selbst schaffen müssen durch die Macht unseres Gedankens und Willens aber auch die unserer Arme. Hinter uns lag nie ein freier Vertrag, da gab es nur Brutalität, Dummheit, Ungerechtigkeit und Gewalttä-

tigkeit« (Michael Bakunin: Gesammelte Werke. Band 2. Berlin 1923, S. 245).

Eine Analyse der Rousseau-Kritik Bakunins und eine Ehrenrettung Rousseaus versuchte Tanguy L'Aminot: ›Bakounine, critique de Rousseau‹. In: *Dix-huitième siècle*, Band 17, 1985, S. 351-365.

48 *Blaubarts Frau* – Nach dem Märchen von Charles Perrault (1697): Ritter Blaubart stellt seine Frau auf die Probe, indem er ihr den Schlüssel zu einer Kammer übergibt, ihr aber verbietet, diese zu betreten. Als sie die Kammer dennoch öffnet, entdeckt sie die Leichen früherer Frauen des Ritters, die sich ebenfalls über das Verbot hinweggesetzt hatten.

49 Niccolò Machiavelli (1469-1527), seine Philosophie der Macht als Grundlage der Politik schlägt sich vor allem in seinem berühmtesten Werk ›Der Fürst‹ (Il Principe, 1513 entstanden) nieder. (A.d.Ü.)

50 ›A Pio IX, Pontefice Massimo‹, in Giuseppe Mazzini: Scritti editi e inediti. Edizione nazionale. Band 36. Imola 1922, S. 225-233. – Auch hier zitiert Bakunin nicht wortwörtlich, sondern scheint die im Text zitierte Aussage Mazzinis aus der Erinnerung rekonstruiert zu haben.

Schon zu Beginn seiner öffentlichen Polemik gegen Mazzini, in ›La Situazione Italiana‹ (Oktober 1866), kritisierte Bakunin das Konzept des »Genio virtuoso«, das Mazzini in seinem Buch ›Dei Doveri dell'Uomo‹ entwickelt hatte: »Ein einziges Privileg«, schrieb Mazzini, »ist legitim: das Privileg des Genies, wenn sich das Genie zur Tugend brüderlich verhält; doch ist dies ein von Gott und nicht von den Menschen zugestandenes Privileg – und wenn Ihr es erkennt, indem Ihr seinen Eingebungen folgt, erkennt Ihr es frei nach Eurem Urteil, nach Eurer Wahl.« (ebd., Band 69. Imola 1935, S. 66)

In einem Fragment aus dem zweiten Teil seiner Schrift ›La Théologie politique de Mazzini‹ erklärte Bakunin dagegen:

> »Ich glaube an das Genie, ich glaube an die Tugend, vorausgesetzt, das eine wie das andere bleibt in einer seiner Entwicklung förderlichen Umgebung; und die dem Genie förderliche Umgebung ist diejenige, die sich der Kontrolle und der Kritik aller Welt aussetzt und die ihm keine andere Macht als die überläßt, die auf seinem natürlichen und niemals offiziellen Einfluß beruht. Was die menschliche Tugend betrifft, so kann sie sich nur durch die Freiheit und in der Gleichheit aller entwickeln und wachsen. Das

sind Bedingungen, die mit denen von der Macht geschaffenen absolut unvereinbar sind. Da es gefährlich und unmöglich ist, sich von genialen und tugendhaften Männern regieren zu lassen, und da es absurd wäre, dummen und lasterhaften Menschen zu gehorchen, folgere ich daraus, daß man sich von niemanden regieren lassen darf, daß man Regierungen und Staaten abschaffen muß.« (Michael Bakunin: Ausgewählte Schriften. Herausgegeben von Wolfgang Eckhardt. Band 1. 6. akt. Auflage, Berlin 2011, S. 146)

51 Kleobulos, Tyrann von Lindos auf Rhodos um die Mitte des 6. Jahrhunderts v. Chr.; Periandros, Tyrann von Korinth (um 627-586 v. Chr.). Beide wurden zu den sogenannten Sieben Weisen gerechnet. (A.d.Ü.)

52 Andrew Johnson (1808-1875), amerikanischer Politiker, seit 1856 demokratischer Abgeordneter des Senats, brach jedoch 1860 mit der demokratischen Partei und verurteilte die Abspaltung der Südstaaten, die zum Amerikanischen Bürgerkrieg führte. Bei den Präsidentschaftswahlen 1864 wurde er als Kandidat der Republikaner zum Vizepräsidenten gewählt und wurde nach der Ermordung Lincolns 17. Präsident der Vereinigten Staaten (1865-1869). Bakunins Darstellung von Johnson als Anhänger der Sklaverei ist kaum haltbar; allerdings verfolgte Johnson während seiner Präsidentschaft eine kompromißbereite Politik gegenüber den im Bürgerkrieg unterlegenen Südstaaten, deren Wiederaufnahme in die Union er betrieb, ohne dies von umfassenden Reformen der Einzelstaaten (u.a. hinsichtlich des Status der befreiten Sklaven) abhängig zu machen.

53 Ivan Michajlovič Sečenov (1829-1905), russischer Physiologe. Bakunin bezieht sich im folgenden auf Sečenovs Werk ›Die Reflexe des Gehirns‹ (Refleksy golovnogo mozga, Sankt Petersburg 1866).

54 An dieser Stelle fehlen eine oder mehrere Zeilen zwischen den Seiten 64 und 65 der Korrekturfahnen. Deren Inhalt wurde im Text nach Sečenovs Werk ›Die Reflexe des Gehirns‹ rekonstruiert, das Bakunin hier resümiert (Ivan Sečenov: Izbrannye proizvedenija. Herausgegeben von Vsevolod Kaganov. Moskau 1953, S. 115-116).

55 Ebd., S. 116.

56 Franz Joseph Gall (1758-1828), Begründer der Phrenologie, die die geistig-seelischen Anlagen des Menschen in bestimmten Bezirken des Gehirns lokalisierte und in äußeren Formeigentümlichkeiten von Schädel und Gesicht Kennzeichen für

Begabungen und Charaktereigenschaften zu erkennen glaubte. (A.d.Ü.)

57 Maximilien Paul Émile Littré (1801-1881), französischer Philosoph, Schüler von Auguste Comte. Bakunin zitiert in dieser und folgenden Fußnoten sowie im Text aus Littrés Artikel ›De la méthode en psychologie‹, der in der Zeitschrift *La Philosophie positive.* Herausgegben von Émile Littré und Grigorij Vyrubov, Paris, Band 1, Nr. 2 (September-Oktober 1867), S. 274-288, und Nr. 3 (November-Dezember 1867), S. 337-364, erschien.

Die Zitate sind großenteils wortwörtlich aus dem genannten Artikel entnommen; sämtliche *Hervorhebungen* sind jedoch von Bakunin.

Das erste in der Fußnote folgende Zitat aus Littrés Artikel endete in der französischen Erstausgabe von ›Fédéralisme, Socialisme et Antithéologisme‹ mit dem irrtümlichen Quellennachweis »(n° 111, p. 302)« (Michel Bakounine: Œuvres. Band 1. Paris 1895, S. 190); es wurde in vorliegender Ausgabe durch die korrekte Angabe »(Nr. III, S. 362)« ersetzt. Die Worte in runden Klammern ( ) innerhalb der in der Fußnote folgenden Zitate sind Einfügungen Bakunins; die Worte in (» «) sind ein von Bakunin eingeschobenes Zitat Littrés von S. 340 des genannten Artikels.

58 Jules Luys (1828-1895), französischer Mediziner. Das nachfolgend wiedergegebene Zitat entstammt seinem Werk ›Recherches sur le système nerveux cérébro-spinal, sa structure, ses fonctions et ses maladies‹ (Paris 1865, S. 412).

59 Hier endet der überlieferte Text. Die 80 Seiten umfassenden Genfer Druckbögen (siehe Einleitung, S. 13) endeten mit den Worten »un réformateur, un révolutionnaire religieux comme«, während die als Druckvorlage benutzte Abschrift von Bakunins Manuskript zusätzlich nur das Wort »l'apôtre« enthält, nach dem auch das Manuskript abbricht.

Personenregister

Peter A. Arschinoff

Die Geschichte der Machno-Bewegung

4. Auflage | 276 Seiten | 16 €
ISBN 978-3-89771-917-0

Anarchistische Volksbewegung in der Ukraine

Mit einem Vorwort von Volin (1923)

Zwischen 1917 und 1922 organisierte sich während der Russischen Revolution eine eigenständige autonome Volksbewegung in der Ukraine – die Machnowstschina. Ihr gelang es, trotz ständiger Angriffe vonseiten der konterrevolutionären Generäle Denikin und Wrangel, unter der Führung von Nestor Machno ein Gemeinwesen aufzubauen, das vier Jahre lang ohne Parteien, Ausbeutung und Unterdrückung funktionierte, bis die Rote Armee unter Trotzki die freien Kommunen und Agrarkollektive niederschlug.

Volin

Der Aufstand von Kronstadt

2. Auflage | 159 Seiten | 11 €
ISBN 978-3-89771-900-2

Sozialrevolutionäre in der Russischen Revolution

Der Aufstand der Kronstädter Matrosen von 1921 gehört wohl zu den dramatischsten Ereignissen in der jungen Sowjetunion. Er verkörperte für viele AnarchistInnen und Sozialrevolutionäre die Chance auf einen ›dritten Weg‹.

Die Matrosen und Arbeiter nahmen ihre Belange selbst in die Hand – ihre Forderungen waren denkbar einfach: Sozialismus ohne Kader und selbsternannte ›Avantgarde‹.

Die Festung schloss sich zu einer freien Kommune zusammen, um die Forderungen der Revolution umzusetzen, für die viele ihr Leben gelassen hatten.

www.Bakunin.de